あなたの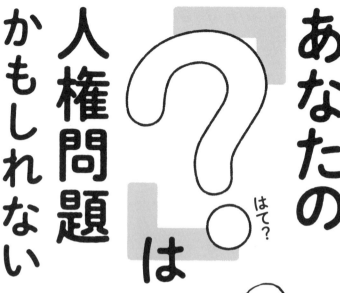は人権問題かもしれない

はて？

国際スタンダードから考える
SDGs時代の声のあげ方

ヒューマンライツ・ナウ [編]　阿部浩己・小川隆太郎 [編集委員]

現代人文社

はじめに
──We Are the Owners!

　毎日、世の中ではいろいろな出来事がおきています。なかには、自分の知り合いや、自分自身がそうした出来事の当事者になってしまう場合もあるかもしれません。

　自分に直接の関わりがあるときには、どうすればうまく事態を切り抜けられるのか、いろいろな工夫をこらしながら考えるのがふつうでしょう。自分には関係ないように思える場合であっても、「その出来事にはどんな意味があるのだろう」と考えてみることも少なくないと思います。

　本書は、そんなときに役に立ってくれる大切な物の見方をお示しするものです。本書が基本においているのは人権です。とくに国際人権条約を中心にすえて全体を組み立てています。なぜなら、国際人権条約は、私たちひとりひとりの生活を支え、豊かにしてくれるために作られたものだからです。

　とはいえ、国際人権条約と聞くと、なにかひどく遠い存在のように思われてしまうかもしれません。たしかに、「国際」という言葉や「条約」という言葉には、私たちとの関わり合いを、とても薄く感じさせる独特の響きがそなわっています。

　でも、本書をご覧になればおわかりのように、国際人権条約は、実は、私たちの日々の生活の中で生かされるために作りだされたものなのです。国際人権条約は、国家や政府の利益のために結ばれているのではありません。私たちひとりひとりが人間らしく生きていくために必要な条件を整えるためにこそ、結ばれているのです。日々の生活で困ったとき、あるいは思い悩んだとき、その事態を打開するヒントが国際人権条約にはたくさん用意されているのです。

　国際人権条約は、どれも、1948年に作られた世界人権宣言を拠り所にしています。その世界人権宣言の生みの親というべきエレノア・ルーズベルトは、「国際人権はいったいどこから始まるのか？」という問いをたて、自らこう答え

ています。

　それは、小さな、身近なところからです。とても身近で、小さなところ
なので、どの世界地図でも見ることができないところです。でも、ひとり
ひとりの人間が生きている世界はそこにこそあるのです。隣近所、通って
いる学校や大学、働いている工場や農場、事務所。男であれ、女であれ、
子どもであれ、すべての人間が、差別されず、平等の正義・チャンス・尊
厳を求めるのは、そういったところなのです。人権がそういったところで
意味をもたないのなら、人権が意味をもつところなどありません。身近な
ところで人権を実現する人たちがいなければ、より大きな世界での進歩な
ど絵空事になってしまいます。

　　（国連ウェブサイト〈https:www.un.org/en/teach/human-rights〉より）

　国際人権条約は、世界各地で同じように思い悩む多くの人間の生活体験をも
とにしています。もちろん、世界は広いので、人間の生活体験も多種多様で
す。でも、誰しもが、差別されるのはいやでしょうし、虐待されたくないで
しょう。ある日、とつぜん逮捕されるのは困りものだし、自分の思いや意見を
ほかのひとに伝えてはいけないと命じられるのも、かんべんしてもらいたい。
きちんとした教育も受けたいし、ちゃんとした家に住んで、おいしい食事を
し、それなりの衣服を身につけて毎日を送りたい。こういった思いは世界共通
なのだと思います。

　そして、そうした共通の思いが実現されるところこそ、日常生活にほかなり
ません。毎日の生活を自分の望むペースで送り、自分の生き方をする。それは
平凡なことかもしれないけれど、世界各地に住むどの人間にとっても、おそら
くもっとも大切なことではないかと思います。国際人権条約は、その、もっと
も大切なものをしっかりと守ってくれる、人類社会が生みだした英知の結晶と
いっても過言でありません。

　私たちが大切にする日常生活を邪魔する出来事や事件が起きたとき、あるい

は、そうした出来事や事件が起きているのを知ったとき、国際人権条約がどのように役に立ってくれるのか。それを、本書ではひとつひとつ具体例をとおしてお示しします。すべての問題に国際人権条約が魔法の杖のように解決策を用意してくれるわけではありませんが、それでも、国際人権条約を使うことで、うまく事が運ぶことも少なくありません。そのことを、本書を通じて知ってもらえればと思います。

　本書は、まず第1章で命と体を守ること、第2章で安心して生活すること、第3章では共に生きていくこと、第4章では平和で自由な社会で暮らすこと、をそれぞれテーマにかかげて、具体的な事件やできごとをもとに解説をくわえていきます。そして最後に、もっと深く学びたい人のために、国際人権条約とはどのようなものなのかについて説明します。第1章から順番に読んでもらってもいいですし、興味を覚えたところから読みはじめてもらっても、もちろんかまいません。

　国際人権条約は、私たちひとりひとりのものです。「私たち」というのは、この本を手にとってくれたあなた自身のことであり、私のことです。国際人権条約は、あなたや私のために存在しているのです。本書をきっかけに、家庭の中で、学校の中で、あるいは、職場や社会の中で、国際人権条約をどんどん活用していってもらえればと願っています。それが、私たちの日々の生活を豊かにし、ひいては、国際人権条約が希求する世界全体の平和につながっていくのです。We Are the Owners of International Human Rights Treaties!

[阿部浩己]

目 次

はじめに——We Are the Owners!　[阿部浩己]　2

第1章　命と体を守るためには？　11

Q1　いじめ　[田畑智砂]

クラスの男の子が、他の数人の男の子からプロレス技をかけられたり、パシリにされたりしています。いじめだと思うのですが、どうすればいいでしょうか？　12

Q2　学校での体罰　[建石真公子]

「体罰」はしつけだから「我慢」しないといけないのでしょうか？　16

コラム　あなたにもできることがある　[岡崎槙子／佐々木亮]　22

Q3　DV・性暴力　[雪田樹理]

DV（ドメスティック・バイオレンス）やストーカー殺人などの深刻な事件が後を絶ちませんが、DVや性暴力はどのようにしたらなくすことができるのでしょうか？　27

Q4　セクハラ　[雪田樹理]

セクハラが、職場や学校・大学・福祉・スポーツの分野など、社会の様々な場面で発生しており、後を絶たない状況にありますが、どのようにすればセクハラをなくしていくことができるのでしょうか？　31

Q5　マタニティ・ハラスメント　[建石真公子]

子どもを産むって周りに迷惑をかけることなのでしょうか？　36

Q6　児童ポルノ　[後藤弘子]

スマートフォンの普及によって、SNS等を通じて子どもたちが簡単に自撮りの画像を送ることができるようになりました。おとなが子どもとのSNSのやり取りで、優しい言葉をかけ安心させて、子どもに性的画像を送らせることは、性的搾取であり、児童買春・児童ポルノ禁止法の対象となるのではないでしょうか？　40

Q7　人身売買　［皆川涼子］

日本は、性サービスをする産業や、発展途上国の人たちに研修をしてもらう制度の中などで、性的搾取や強制的な労働が行われ、人身売買が行われているとされています。人身売買の被害に遭った人は保護されていますか？
46

Q8　AV出演強要　［伊藤和子］

「モデルにならない？」との誘いを受けて、事務所との契約書にサインをしました。ところが実際にあてがわれた仕事は、AV（アダルトビデオ）への出演でした。契約書にサインしている以上、この仕事を断れないのでしょうか？
50

第2章　安心して生活するためには？　55

Q9　職場での長時間労働やハラスメント　［大村恵実］

長時間労働やハラスメントのない職場は、本当に実現するのでしょうか？SDGsに取り組んでいる私の勤務先は、「職場環境の改善」、「働きがいの向上」を掲げています。しかし、実際には、長時間労働やハラスメントが続いています。心身ともに健康に仕事を続けたいという入社3年目の私の希望を、国際的な基準はかなえてくれるのでしょうか？　56

コラム　企業が人権のためにできること ── 企業はカネさえもうかっていればいいのか　［髙橋宗瑠］　60

Q10　過労死　［須田洋平］

日本では長時間仕事をしたことで病気になって亡くなったり（過労死）、自殺したり（過労自殺）する労働者がいます。このような過労死・過労自殺は自己責任なのでしょうか？　それとも労働者は長時間労働から守られうるのでしょうか？　65

Q11　自殺　［芝池俊輝］

日本では毎年2万人以上の人が自殺しています。このような状況は人権侵害ではないのでしょうか？　69

Q12　奨学金　[田形祐樹]

日本では、特に、大学に進学するのにお金が必要です。ですから、お金に余裕がないと、進学できない場合があります。親がお金持ちかどうかに関係なく、安心して、学びの機会を得ることはできませんか？　73

Q13　生活保護　[大西連]

生活保護を利用するのは恥ずかしいことなのでしょうか？　77

Q14　被災者の生活　[吉田悌一郎]

2011（平成23）年3月11日の東日本大震災によって自宅を失い、現在も仮設住宅などでの避難生活を余儀なくされている人たちがいます。こうした避難者の生活は、どのように保障されるべきでしょうか？　80

Q15　原発事故からの避難　[長瀬佑志／長瀬威志]

東日本大震災以降、今なお多くの被災者が十分な支援を受けられないまま自主的に避難を続けています。自主避難者の生活は「自己責任」でまかなわなければならないのでしょうか？　84

コラム　気候変動　[佐藤暁子]　88

第3章　一緒に生きるためには？　91

Q16　婚姻の多様性　[中川重徳]

私には同性の彼女がいます。二人とも身体を動かすことが大好きで、仕事で悩んだ時も励ましあう仲です。彼女と結婚することはできるでしょうか？子どもを持つことはできるでしょうか？　92

Q17　職場での性差別　[三浦まり]

女性の賃金は男性の7割台、子どもを持つ女性労働者の賃金は男性の4割、働く女性の半分以上は非正規労働者で、出産を機に退職する女性は5割弱。女性差別が解消されないのはなぜなのでしょうか？　97

Q18　障がい者への差別　[佐藤暁子]

障がいをもった人って学校や職場で会うことが少なくて、どうやって接したらいいのかわかりません。障がい者に障がいのことは聞かない方がいいのでしょうか？　101

Q19　HIV感染者への差別　[西田哲]

HIVに感染したことを理由に、勤務先の上司から「うちではもう働けない」と言われ、事実上退職を余儀なくされました。国際人権法はこの問題についてどう定めていますか?　107

Q20　難民　[大川秀史]

毎日のように世界の難民のニュースを目にしますが、日本は難民を受け入れないと聞きます。難民として認められなかった人が、送還後、戦乱に巻き込まれ拷問されるのではと心配です。保護された人の支援も十分でしょうか?　111

コラム　マスメディアにできること ── 条約が報道の道しるべに　[原真]　115

Q21　技能実習生　[髙井信也]

技能実習生って何でしょうか?　外国人なら給料は低くても問題ないのでしょうか?　119

Q22　外国人の入管収容　[小川隆太郎]

日本で在留資格(外国人が日本に滞在するために必要とされる政府からの許可)を失った外国人は、その後どうなりますか?　124

Q23　ヘイトスピーチ　[徳永恵美香]

インターネットをしていて、特に在日コリアンの人たちに対してひどいことを叫んでいる大勢の人たちの動画を見つけました。ヘイトスピーチという言葉を学校で聞いたことがあるのですが、具体的にはどのようなことなのでしょうか?　130

Q24　朝鮮学校への差別　[中森俊久]

2010年4月からいわゆる高校無償化法が施行され、高等学校などの学費の軽減が図られていますが、朝鮮学校をその対象から外してよいのですか?　134

コラム　学生・教師にできること ──「人権教育」に参加してみよう、学校で実施してみよう[ヒューマンライツ・ナウ事務局]　139

第4章　平和で自由な社会で暮らすためには？　143

Q25　戦争への加担　[笹本潤]
世界各地での武力紛争がなくなりません。集団的自衛権や米軍基地の存在などで、日本も戦争に巻き込まれる危険があります。平和に生きることは権利として認められているのですか？　144

Q26　日本軍「慰安婦」　[殷勇基]
(1)日本軍「慰安婦」は売春婦だったのですか？　(2)「慰安婦」被害者は謝罪や賠償を受けていますか？　148

Q27　沖縄の米軍基地　[猿田佐世]
沖縄の人たちは米軍基地に苦しめられていると聞きます。なぜですか？どんな人権問題が起きているのでしょうか？　154

Q28　「知る権利」と特定秘密保護法　[小川隆太郎]
「特定秘密保護法」という法律は、危険な法律であると聞いたことがあります。「特定秘密保護法」ってどんな法律なのですか？　政府が作った法律なのに、なぜ危険なのでしょうか？　159

Q29　共謀罪　[海渡雄一]
2017年、「共謀罪」を罰する法律が制定され、反対運動が起きました。この法律の目的は「テロ」を防止するものだといわれましたが、テロを防ぐためには、ある程度監視社会になるのは仕方ないのではないでしょうか？　164

Q30　えん罪　[伊藤和子]
自分がやっていない犯罪に問われて逮捕される、そして有罪にされてしまう、そんなニュースをときどき聞きますが、どうしていつまでたってもそんな出来事が後を絶たないのでしょうか？　168

Q31　死刑　[鄭裕靜]
世界は死刑廃止に向かっています。しかし、2018年日本では15人に対して死刑執行をしたことがあり、世界が驚きました。2021年も3人に対して死刑執行をしています。世界の流れに逆行し、日本は死刑執行を続けてもいいのでしょうか？　174

9

Q32　SDGs　［若林秀樹］

SDGsってなんでしょうか？　私たちの生活とどう関係するのでしょうか？
179

コラム　ビジネスと人権 ── 人と地球に優しい企業活動のために　［佐藤暁子］　185

第5章　「国際人権条約」ってなんだろう？
──世界を良くするためのルールを知る　［申惠丰］　189

条約って、国際的な取決めですよね。人権のことで条約が結ばれているとは
知りませんでした。人権条約ってどのようなものなのでしょうか？　190

国連で作られた人権条約は9つあるそうですが、一度にまとめてつくられた
わけではないんですよね。9つの条約はどのような内容で、どのような経緯
で作られたのでしょうか？　193

人権が憲法で定められているのは知っていますが、条約というとやっぱり縁
遠い感じがします。人権条約は、私たちの人権のためにどう役立つんですか？
200

国が人権条約に入ったからといって、それですぐに人権状況が良くなるわけ
ではないですよね。条約の力で日本の人権状況が良くなったことはあります
か。また、条約の定める義務を、どうやって守らせるんですか？　204

コラム　国際人権分野で韓国と台湾から学べること　［金昌浩］　210

おわりに　［小川隆太郎］　214

※各論考は担当執筆者個人の見解であり、必ずしもヒューマンライツ・ナウの見解と一致するものではありま
せん。

第 1 章

命と体を
守るためには?

Q1 いじめ

クラスの男の子が、他の数人の男の子からプロレス技をかけられたり、パシリにされたりしています。いじめだと思うのですが、どうすればいいでしょうか？

A1 「いじめ」をなくすための法律もありますが、それだけでは不十分です。一番大切なのは、「いじめ」は人権侵害だということを皆が理解し、どうすれば根絶できるかを考えることです。

「いじめ」は人権侵害

　靴を隠される、悪口を言われる、無視される、仲間はずれにされるなどの「いじめ」が、学校で起きています。時には暴力をふるわれたり、お金をとられたり、やりたくないことを強要されたりと言った悪質な態様も見られ、また、最近では、インターネットの掲示板やSNSに誹謗・中傷を書き込まれるなどの「ネットいじめ」被害も増える傾向にあります。

　「いじめ」を受けた人は、自分の何が悪いのか自問自答し、自信をなくしてしまいます。そして、学校に行けば毎日のように繰り返される「いじめ」＝苦痛から逃れたくて、不登校になったり、最悪の場合には自殺してしまうケースも起きています。

　日本国憲法13条は「幸福追求権」という権利を定めています。人は誰もが、他人に迷惑をかけない限り、自分で人生を自由に決定し、幸せに生きる権利を持っているのです。

　「いじめ」を受けた人は、その苦痛に思い悩み、毎日を楽しいと思えなくなってしまいます。学校に行けなくなり、その年代に必要な教育を受けることが出

来なくなってしまうこともあります。このように「いじめ」は、いじめを受けた人の幸せを奪い、自由を奪い、時には未来さえも奪ってしまう最悪な人権侵害行為なのです。

子どもの権利条約と「いじめ」

子どもの権利条約は、1989年に国連が採択し、1994年に日本が批准した条約です。この条約は、18歳未満の子どもであっても、それぞれ固有の人権を持っていることを確認するとともに、条約締結国が、子どもの人権を適切に実現しなければならないことを定めています。ではこの子どもの権利条約から、「いじめ」はどのような子どもの権利侵害であると言えるのでしょうか。

子どもの成長発達権

子どもの権利条約6条は、条約締結国が、すべての子どもが固有の権利として、生きる権利を有することを認めるとともに、子どもの生存及び成長発達を、可能な最大限の範囲において確保しなければならないことを定めています。

この条文から、国は、子どもの生命と身体を、「いじめ」から安全に守らなければならない義務を負っていると言えます。また、「いじめ」を受けることで不登校になり教育を受けられなくなったり、友人関係に苦しんで人間不信に陥ったりすることにより、子どもが健全に成長発達する権利が侵害されることになります。国は、子どもの成長発達権を守るという点からも、「いじめ」から子どもを守る義務を負っているのです。

プライバシー、名誉

子どもの権利条約16条は、子どもが、その私生活や通信に不当に干渉されたり、名誉及び信用を不法に攻撃されない権利を有することを定めています。

この条文から、子どものプライバシーを暴露したり、名誉を傷つけるような「いじめ」が、子どものプライバシー権や名誉権を害する人権侵害行為であるこ

とがわかります。また同時に、「いじめ」が起きてしまった場合の調査過程でも、学校や自治体が、子どもの名誉・プライバシーを傷つけることがないよう、十分に注意しなければならないことが分かります。これは、いじめの被害者のみならず、「いじめっ子」や「いじめに関わった」者についても、不当に名誉を傷つけられたり、プライバシーを暴露されることが許されないことを意味します。「いじめ」加害者だからといって、不当に人権を侵害されてはならないのです。

「いじめ」と教育を受ける権利

子どもの権利条約28条は、締結国が、子どもが教育を受ける権利を有することを規定し、学校が、子どもの人間としての尊厳に適合する方法で、子どもの権利条約に従って運用されるよう適切な措置をとらなければならないことを定めています。

子どもが学校で「いじめ」を受けることで不登校になれば、この子どもの教育を受ける権利が妨げられることになります。したがって、国や学校は、子どもの教育を受ける権利を守るためにも「いじめ」を防止する義務があり、「いじめ」が起こってしまった場合にも、「いじめ」を受けた子どもが学校に通えるよう、適切な措置を講じる義務があるのです。また、子どもがその尊厳を傷つけられるような「いじめ」を受けることがないよう、学校は子どもを「いじめ」から守る最善の措置をとらなければなりません。

法律だけでは「いじめ」をなくせない

子どもの権利条約に加え、日本では、2013（平成25)年に「いじめ防止対策推進法」という法律ができました。この法律は、「いじめ」が重大な人権侵害であることを明記した上で、「いじめ」を行ってはならないこと、国や地方自治体がいじめ防止措置をとらなければならないこと、学校及び教職員がいじめ防止に取り組み、いじめが起きた場合にも適切かつ迅速に対処しなければならないことなどを定めています。

もっとも、法律で対策を定めるだけでは、なかなか「いじめ」はなくなりません。「いじめ」は厳罰化すればよいというものではなく、厳罰化によってかえって密室化してしまうことがあります。また「いじめ」を定義することで、「いじめ」をなくすことより、かえって「いじめ」に該当するか否かばかりが議論されてしまうなどの問題もあります。「いじめ」問題は一筋縄ではいかないのです。

「傍観者」もいじめの当事者

それでは、「いじめ」をなくすために、何か自分達でできることはないのでしょうか？　この本を読んでいる方は、「いじめ」を受けたことがなくても、見たことはあると言う方はいると思います。「いじめ」は、「いじめっ子」と「いじめられっ子」だけで成り立っているのではありません。いじめっ子の側について、一緒にいじめをはやし立てる人もいれば、何より一番人数が多いのは、「いじめ」を見ているだけの人＝傍観者です。

確かに「いじめ」を目撃したとしても、今度は自分が次の標的にされることを恐れて、一人でいじめっ子にいじめをやめるよう注意するのは難しいでしょう。でも傍観者は圧倒的に多数なのです。傍観者全員が、「見て見ぬふり」をやめれば、いじめっ子といえども、クラス全員を敵に回して「いじめ」を続けることなど出来ません。また、普段から「いじめ」について話し合い、「いじめ」を許さない雰囲気を作っておくことも、「いじめ」防止対策として有効でしょう。

前述した通り、「いじめ」はどんな理由があってもゆるされない人権侵害行為です。一番大切なのは、まずこのことを皆が理解し、どうすれば根絶できるかを考えることです。

子どもの権利条約12条は、子どもの意見表明権を定めています。国や学校も今、「いじめ」問題を解決すべく努力していますが、子どもたち自身も当事者として問題について話し合い、主体的にその意見を表明することで、ぜひ「いじめ」の撲滅に取り組んで頂きたいと思います。

[田畑智砂]

Q2 学校での体罰
「体罰」はしつけだから「我慢」しないといけないのでしょうか？

A2 体罰は、身体に対する暴力であり、時には生命に関わることもあるので、してはいけない行為です。我慢する必要はありません。すぐに適切な相談窓口や警察に相談しましょう。

親から受けるものも、先生から受けるものも、体罰は我慢しなくていい

　体罰は、親から受けるものと、学校の先生や課外活動のコーチなどから受けるものがあります。誰からであっても、身体に対する暴力であり、時には生命に関わる事もあります。体罰は、子どもの心と体に深刻な悪影響をもたらし、心身の健やかな発達を妨げ、イジメや暴力の連鎖を引き起こす場合もあるなど、憲法13条で保護している「個人の尊重」に反する行為です。

　法的には、体罰の禁止は、まず憲法31条の「何人も、法律の定める手続によらなければ、その生命若しくは自由を奪はれ」ないという規定に反する行為です。

　また子どもの権利条約では、国の義務として、19条で「あらゆる形態の身体的若しくは精神的な暴力、傷害若しくは虐待、放置若しくは怠慢な取扱い、不当な取扱い又は搾取(性的虐待を含む。)からその児童を保護するためすべての適当な立法上、行政上、社会上及び教育上の措置をとる」こととし、28条2項で「学校の規律が児童の人間の尊厳に適合する方法で及びこの条約に従って運用されることを確保するためのすべての適当な措置をとる」、さらに37条で「いかなる児童も、拷問又は他の残虐な、非人道的な若しくは品位を傷つける取扱い

若しくは刑罰を受けない」と定めています。この条約の遵守として、2024年の統計では世界の67カ国が体罰を禁止しています（NGO「End Corporal Punishment」ウェブサイト〈https://endcorporalpunishment.org/〉）。

いっぽう日本の法律では、2019年6月に民法、児童福祉法および児童虐待防止法が改正され、親権者は、児童のしつけに際して、体罰を加えてはならないことが定められ、2020年4月に施行されています。具体的には、民法821条は「親権を行う者は、前条の規定による監護及び教育をするに当たっては、子の人格を尊重するとともに、その年齢及び発達の程度に配慮しなければならず、かつ、体罰その他の子の心身の健全な発達に有害な影響を及ぼす言動をしてはならない」と改正されるとともに、親の懲戒を認めていた822条は削除されました。児童福祉法33条の2第2項は、児童相談所長の権限を広げるとともに、「この場合において、児童相談所長は、児童の人格を尊重するとともに、その年齢及び発達の程度に配慮しなければならず、かつ、体罰その他の児童の心身の健全な発達に有害な影響を及ぼす言動をしてはならない」とし、47条3項は児童福祉施設にある児童の保護を目的として、「施設長等は、児童の人格を尊重するとともに、その年齢及び発達の程度に配慮しなければならず、かつ、体罰その他の児童の心身の健全な発達に有害な影響を及ぼす言動をしてはならない」と改正されました。さらに児童虐待の防止等に関する法律14条も「児童の親権を行う者は、児童のしつけに際して、児童の人格を尊重するとともに、その年齢及び発達の程度に配慮しなければならず、かつ、体罰その他の児童の心身の健全な発達に有害な影響を及ぼす言動をしてはならない」と改正されました。

禁止されている体罰が学校で多発している現状

学校における体罰について、学校教育法11条は「校長及び教員は、教育上必要があると認めるときは、監督庁の定めるところにより、学生、生徒及び児童に懲戒を加えることができる。但し、体罰を加えることはできない」とし、明確に体罰を禁止しています。

どのような行為が体罰にあたるかについては、文部科学省の「学校教育法第

11条に規定する児童生徒の懲戒・体罰等に関する参考事例」(https://www.mext. go.jp/a_menu/shotou/seitoshidou/1331908.htm)では、身体に対する侵害を内容とするもの、および被罰者に肉体的苦痛を与えるようなものに関して例示されています。ただ、この例示は個々の事案ごとに判断する必要がある表現となっており、誰がどのような判断基準で「禁止されるべき体罰」と「認められる懲戒」を区別するのかわかりにくい面もあります。

　学校での体罰の発生件数をみると、2023年は439件(407校)、2022年は485件(453校)、2021年685件(635校)と、減少傾向にあります。

　しかし、学校での体罰により懲戒処分等を受けた者は2021年は397人で、2020年の343人より増加しています(文部科学省「令和4年度公立学校教職員の人事行政状況調査について」〈https://www.mext.go.jp/a_menu/shotou/jinji/1411820_00007.htm〉)。

　いっぽう、スポーツの部活における体罰件数についてみると、2013年の桜宮高校の部活動のコーチによる体罰を理由に生徒が自殺した事件を境に体罰が注目されるようになり、急激な増加を見せました。同事件前(2011年)は、部活での体罰件数の報告は110件でしたが、同事件が報道された2012年は2,022件、翌2013年は1,229件となっています。それへの対策として2013年に文部科学省は、体罰禁止と実態把握の徹底を求める通知を都道府県に出しました。この通知では、体罰は違法行為であるのみならず、「児童生徒の心身に深刻な悪影響を与え、教員等及び学校への信頼を失墜させる行為」で「いじめや暴力行為などの連鎖を生む恐れがある」としています。この通知の後、2014年には部活動における体罰件数は242件にまで減少しました。

　本来、体罰はゼロであるべきですが、体罰禁止の法律があるにもかかわらず、学校、特にスポーツの部活動において、体罰は相当数発生し続けています。その理由としては、スポーツが勝敗を競う活動であり技能や筋力によって優劣がはっきりする世界であること、また徒弟制度的な上下関係を有する組織という特殊性等が支配－被支配関係を生み出すこと、また体罰を行う傾向のある教師の年代によっては、体罰が日常的に行われていた教育を受けてきたこと

を理由とする暴力の連鎖等があげられます。

　さらに、学校教育法11条の解釈の問題として、教師や指導者が殴るなどの有形力を行使することが、直ちには体罰とはみなされず、個別事案に即して許容される指導と判断される余地がある点も問題です。

裁判所はどう考えているのか

　体罰事件のリーディングケースである奈良県池原中学校事件に対する大阪高裁1955年5月16日判決では、体罰禁止規定は「基本的人権尊重を基調とし暴力を否定する日本国憲法の趣旨」等から、「殴打のような暴力行為は、たとえ教育上必要があるとする懲戒行為としてでも、その理由によって犯罪の成立上違法性を阻却せしめる」ものでないとしています。また、生徒の自殺を引き起こした事件に対する福岡地裁飯塚支部1970年8月12日判決は「当該生徒の性格、行動、心身の発達状況、非行の程度等諸般の事情を考慮のうえ、それによる教育的効果を期待しうる限りにおいて懲戒権を行使すべきで、体罰ないし報復的行為等に亘ることのないよう十分配慮」が必要である旨述べています。

　しかし、2009年、教師が小学2年生の生徒の胸元を掴んで壁に押し当てて叱った事件が起き、これに対する最高裁2009年4月28日判決は、教師の行為は「児童の身体に対する有形力の行使であるが、他人を蹴るという……悪ふざけをしないように……指導するために行われたものであり、悪ふざけの罰として……肉体的苦痛を与えるために行われたものではないことが明らかである」、「（教師）は、自分自身も……（児童）による悪ふざけの対象となったことに立腹して本件行為を行っており、本件行為にやや穏当を欠くところがなかったとはいえないとしても、本件行為は、その目的、態様、継続時間等から判断して、教員が児童に対して行うことが許される教育的指導の範囲を逸脱するものではなく、学校教育法11条ただし書きにいう体罰に該当するものではない」と判断しています。有形力の行使があったとしても「禁止されるべき体罰」にあたらないという判断の例です。教育的指導と体罰との区別について個別事例に即して判断した結果ですが、教育という、未成年の成長に最も重要な時期の現場にお

ける有形力の行使について、体罰をゼロにする方向に教員の認識を変えること
が必要です。

体罰の問題は、子どもの身体や精神を侵害する暴力の問題

　日本国憲法は子どもの権利について特に定めていませんが、前述の1955年大
阪高裁判決にあるように、基本的人権の尊重の観点から暴力は否定されていま
す。なかでも、生命権、健康権は憲法13条および25条で特に保障されている権
利であり、また体罰のもたらす精神的な侵害は、13条の個人の尊重を著しく傷
つけるものです。

　加えて前述の子どもの権利条約は、「子ども」という、精神的にも身体的にも
発達過程にある人間に関して特別な保護を定め、子どもについて憲法の個人の
尊重の解釈を補う内容となっています。

　子どもの権利条約の履行状況を審査する「子どもの権利委員会」は、体罰に関
して、2006年に「一般的意見8号」（条約の解釈）として「体罰その他の残虐なまた
は品位を傷つける形態の罰から保護される子どもの権利」を採択しました。こ
れは、前述した同条約19条（監護者によるあらゆる形態の身体的、精神的暴力から
の保護）、28条（教育における子どもの人間の尊厳）、37条（残虐なまたは品位を傷つ
ける取り扱いからの保護）に関する解釈に当たる文書です。同「意見8号」は、国
際人権文書が、「人間の尊厳」、「身体の不可侵」を保護していることに基づき、
体罰はどんなに軽いものであっても有形力が用いられ、かつ不快な思いをさせ
ることを意図した罰であり品位を傷つけるもので、条約とは両立しないとして
います。

　また、日本の同条約に関する報告書に対する同委員会の2019年の「総括所見」
でも、学校における体罰に関して「学校における禁止が効果的に実施されてい
ないこと（パラグラフ25(a)）」についての懸念が示されています。

　体罰については、地域的な人権条約であるヨーロッパ人権条約でも保護して
おり、ヨーロッパ人権裁判所は、学校や家庭における子どもへの体罰を、非人
道的な、品位を傷つける取り扱いを禁止する条約3条に違反すると判断してき

ています（タイラー対イギリス事件〔1978年〕、A対イギリス事件〔1998年〕など）。

　日本においても、家庭や教育機関における体罰の問題は、子どもの身体や精神を侵害する暴力の問題として、子どもの個人の尊厳、身体的不可侵性という観点から、いかなる身体的または心理的暴力も禁止されるということを徹底することが必要です。学校教育法11条ただし書きの解釈に関しても、憲法13条、および子どもの権利条約や子どもの権利委員会の「一般的意見」に照らして、子どもの尊厳を保護する観点から、「有形力」の行使に歯止めをかける解釈が求められます。

Q2

学校での体罰

【参考文献】
・鈴木麻里子＝前田聡＝渡部芳樹『近代公教育の陥穽──「体罰」を読み直す』（流通経済大学出版会、2015年）。

[建石真公子]

【コラム】あなたにもできることがある

貧困の中で生活するAちゃん

　子どもは、生まれる国も、地域も、家庭も選べません。あなたは、この日本に生まれ育ち、清潔な服を着て、毎日学校に行くことができて、一日3食ご飯を食べて、お風呂に入って、あたたかい布団で眠っているでしょうか。そうであれば、そうじゃない子どもがいることを是非知ってほしいのです。

　いまや、この日本でも、6人に1人の子どもが「普通」よりも貧困であると言われています。日本で暮らすAちゃんの暮らしを覗いてみましょう。

　Aちゃんの家は、9人きょうだい。Aちゃんは、ちょうど真ん中の小学校4年生。Aちゃんの家は、Aちゃんがもっと小さい頃にお父さんがいなくなって、お母さんが心の病気であまり働けないので、とても貧乏です。お母さんは、Aちゃんたちの世話をしないので、一番上のお姉さんが、洗濯や料理などの家事をしてくれています。

　Aちゃんは、食事は給食しか食べられない日も多いので、土日や夏休み・冬休みが嫌いです。Aちゃんは、服や靴をあまり持っていないし、毎日洗濯はしてもらえないから、下着も含めて、何日か同じ服を着ることがあります。

　Aちゃんの履いている靴は靴底が壊れているし、着ている服は穴も空いています。お風呂にも毎日は入れません。たまに、電気や水道が止まることがありますが、そういうときは、きょうだいと一緒に公園の水を飲みに行ったりします。学校で使う文房具も全部は揃っていません。家にはもちろん、暖房も冷房もありません。放課後は、習い事にも塾にも行くことができません。お腹が空いていることが多いので、勉強に集中することもできず、最近は学校の授業についていくことができません。それでも、給食を食べなければ空腹で辛いので、Aちゃんは毎日学校に行きます。でも、Aちゃんは、クラスメイトから「臭い」と言われ、友達になってもらえず、とても悲しい思いをしています。

どうでしょう。これはすごく特別な例ではなく、実際にあった例をつなぎ合わせたものです。その意味でフィクションではなく、本当の話なのです。

　Aちゃんを取り巻く環境は、ただ貧困である、というだけに留まりません。Aちゃんのお母さんは、病気のせいとはいえ、Aちゃんたちの面倒を見ることができていないので、ネグレクト（育児放棄）という虐待をしているといえそうです。また、Aちゃんは、学校でいじめられているようなので、心の傷つきがとても心配です。日本では、いじめが原因で自殺してしまう子どもが後を絶ちません。さらに、Aちゃんは将来、家庭が貧しいことから、アルバイトを始めて、たくさんシフトに入れてもらうことになるかもしれませんが、数カ月間1日も休みをもらえないような過酷なバイトというのも、社会問題になっています。Aちゃんが今後進学したいと思ったとき、家庭から学費を出せないことも、Aちゃんの進路を決める上での障害となってきそうです。

　こうした環境にある子どもたちがいることを、どうぞ他人事と思わずに、関心を持ってください。子ども食堂の取り組みとか、放課後に勉強を教える学習ボランティアとか、あなたにもできることがあるかもしれません。

［岡崎槙子］

Aちゃんの例から考える、国際人権法における子どもの権利

　上に書かれているAちゃんの状況を、国際人権法という観点から見てみると、どのように考えることができるでしょうか。

　人権条約の中でも、特に子どもの権利の保障を目的として、「児童の権利に関する条約（子どもの権利条約、Convention on the Rights of the Child）[1]」が存在します。この条約は、2024年時点で196もの締約国を擁する最も普遍的な条約の

1　子どもを意味するchildという語は、外務省公定訳では「児童」とされています。しかし、初等教育就学者（小学生）という意味での「児童」との混同を避けるため、「子ども」と訳されることも多く、本稿では、特に区別する必要がない限り、「子ども」という訳を当てることにします。

1つです。1989年11月20日に国連総会で採択され、翌年9月2日に発効しました。この条約(1989年)や「子どもの権利に関する宣言」(1959年)が採択された11月20日は、国連によって「世界こどもの日」とされています。日本はこの条約に1990年9月21日に署名(国家の代表者により条約の内容を確定させる手続き)、1994年4月22日に批准(国家として条約を締結する意思を議会の承諾を得て宣言する手続き)しました。2024年は、日本がこの条約を批准してから30年という節目の年でもあります。私たちヒューマンライツ・ナウでも、毎年11月に「世界子どもの日」にちなんで、チャリティー・ウォークなど、子どもの権利について理解を深めるためのイベントを開催しています。是非ご参加ください。

　子どもの権利条約1条は、18歳未満の者(ただし、国内法上の規定に基づき、より早く成年に達した者を除く)を同条約上の権利主体である「子ども」と定義しています。Aちゃんは小学校4年生なので「子ども」に当たります。

　Aちゃんの例や海外での子ども兵士や児童労働の例に見られるように、子どもは大人による恣意的利用や搾取の対象になりやすく、同時に、それに抵抗し自身を守る手段を持たないことが多いです。また、自分が生まれる境遇を選ぶこともできません。子どもの権利条約前文には、「子どもは、身体的及び精神的に未熟であるため、(中略)適当な法的保護を含む特別な保護及び世話を必要とする」と書かれ、全ての人を対象とする一般的な人権保障に加えて、子どもに対する特別の保護の必要性が強調されています。

　子どもの権利を守るための国際機構の1つ、国連児童基金(UNICEF)は、子どもの権利条約の基本的な考え方を次の4つに整理しています。

　①差別の禁止(差別のないこと)

　②子どもの最善の利益(子どもにとって最もよいこと)

　③生命、生存及び発達に対する権利(命を守られ成長できること)

　④子どもの意見の尊重(子どもが意味のある参加ができること)

　たとえば、Aちゃんの例では、Aちゃんは貧困のためにお風呂にも毎日入ることができず、学校でクラスメイトから「臭い」などと言われ、いじめられているようですが、これはAちゃんの経済状況を理由とした差別ともいえ、上記①

の原則に照らして問題であるといえます。

　そもそもＡちゃんの家庭が貧困のため、食事もろくに取れず、お母さんにも面倒をみてもらえず、周囲の大人達から十分な支援や保護を受けることができないという状況自体が、Ａちゃんの生命や発達に対する権利を脅かしているといえ、上記③の原則に照らして問題です。

　日本では、Ａちゃんのようにいじめで心が傷ついて自殺してしまう子どもが後を絶たないということや、アルバイトをしても、過酷な仕事を強要されるなどして大人に搾取される危険があること、そして進学したくても経済的な理由で諦める子どもが少なくないことは、そのような状況を生み出してしまっている政府などの責任でもあります。上記②や④の原則からすれば、政府は、学校や職場など子どもに関する政策を決める時にも、子どもたちが自由に意見を述べられるようにして、その声にも耳を傾けながら、子どもたちにとって最もよいことは何かを第一に考えて決めなければなりません。

子どもの権利条約を活かして子どもの人権を守るために

　子どもの権利条約の意義は、子どもの権利を明示していることに加えて、各国が条約を守っているか監視するメカニズムを用意している点にあります。その役割を担うのが、「子どもの権利委員会」で、個人資格で選出された18人の委員で構成されます。

　子どもの権利条約の履行監視メカニズムのうち、主要なものは、国家報告制度です。これは、締約国が、条約を守るためにとった国内的措置に関する報告を一定期間ごと（子どもの権利条約の場合は、当該国について条約が発効した時から２年以内、以後は５年ごと）に提出するというものです。審査の過程では、市民団体・NGO等も、委員会に情報提供をするための書面（いわゆるカウンターレポート）を提出し、審査の過程に関わっています。審査対象国の政府代表と子どもの権利委員会の委員とのやり取りは公開され、ウェブ上でも傍聴できます。審査が終わると、締約国の条約履行状況についての評価や懸念、勧告を含んだ文書である「総括所見（concluding observation）」が公表されます。それ以外

にも、条約規定の解釈や様々な現代的課題と子どもの権利との関係について、子どもの権利委員会としての見解を示す「一般的意見（general comments）」、子どもの権利条約上の権利を侵害された当事者からの通報を子どもの権利委員会が審査する「個人通報制度」などが用意されています。ただし、個人通報制度は、それを受諾した締約国による権利侵害の場合のみ利用可能で、2024年時点で日本は受諾していません。

国家報告制度の下、日本は、これまでに5回分の報告書を子どもの権利委員会に提出し（ただし、第4・5回分を一括して提出しました）、総括所見を受け取っています。新しいものでは、2018年に第4・5回報告を提出し、2019年に総括所見が公表されました。その中では、アイヌを含む民族的少数者や被差別部落、在日コリアン出身の子ども、移住労働者の子ども、LGBTIの子どもに対する社会的差別が根強く残っていること、学校における体罰の禁止が効果的に実施されていないこと、子どもが置かれた家庭環境、子どもの放射線被ばく等が、委員会の懸念事項として指摘されています。

総括所見や一般的意見は、人権擁護者が依拠すべき根拠になっています。国家報告制度に関して、国連に対して情報を提供することは誰にでもできます。私たちヒューマンライツ・ナウも日本の様々な人権問題を英語でカウンターレポートにして国連に提出しています。あなたが自分で気付いた日本の子どもの人権に関する問題点について、国家報告制度でのカウンターレポートなどを使って、国連に訴えていくということも、あなたにできることの1つです。

【参考文献】
・大谷美紀子「子どもの権利委員会」国際人権30号（2019年）106〜109頁。
・吉村祥子「子どもの権利」横田洋三編『新国際人権入門——SDGs時代における展開』（法律文化社、2021年）122〜139頁。

[佐々木亮]

Q3　DV・性暴力

DV（ドメスティック・バイオレンス）やストーカー殺人などの深刻な事件が後を絶ちませんが、DVや性暴力はどのようにしたらなくすことができるのでしょうか？

A3　国際人権法に基づき、再三の厳しい勧告が出ています。それらの勧告を真摯に受け止め、性暴力を適切に処罰し、また被害者を保護する措置を講ずることが必要です。

DVや性暴力の被害の現状

　DV（ドメスティック・バイオレンス）とは、親密な関係（現在あるいは元の夫婦や恋人。異性間・同性間を問いません）の中で、一方が他方を支配するために行使する、あらゆる形態の暴力をさします。女性が被害者の多くを占めています。

　DVの形態には、①殴る、蹴る、首を絞めるなどの身体的暴力、②人格を否定する暴言を吐く、脅す、無視するなどの精神的暴力、③性的な関係を強要する、避妊に協力しないなどの性的暴力、④生活費を渡さない、お金を取り上げるなどの経済的暴力、⑤親や友人との関係を断たせ、束縛・監視するなど社会的な活動を制限する社会的暴力などがあります。

　2024年３月、内閣府男女共同参画局が、2023年11～12月に20歳以上の男女5,000人を対象に行った「男女間における暴力に関する調査報告書」が公表されました。25.2％の人が「配偶者」（事実婚含）から被害を受けたことがあると答えています（女性27.5％、男性22.0％）。そのうち生命の危険を感じたことのある人が12.6％もあり、とくに女性は15.6％にも及んでいます（男性は7.5％）。また、交際相手から被害を受けたことのある人も18.0％います（女性22.7％、男性

12.0%）。そして、特定の相手から執拗なつきまといを受けたことのある人は10.2%（女性14.0%、男性5.7%）、同意なく性交等をされたことのある人は4.7%（女性8.1%、男性1.0%）となっています。

　また、配偶者や交際相手から暴力を受けても、誰にも相談しなかった人が約半数おり、不同意性交された人の場合には、6割近くの人が誰にも相談していません。警察に相談した人は、わずか1.4%にすぎません。生命の危険にさらされ、身体や性的自由といった重大な人権侵害を受けながらも、一人で悩んでいる人がとても多いのです。

国内法で処罰される性暴力はごく一部

　日本では、DV防止法（配偶者からの暴力の防止及び被害者の保護等に関する法律）が2001年に制定され、これまでに4回、改正されています。2022年度には12万を超える人が、この法律に基づき各都道府県に設置されている「配偶者暴力相談支援センター」に相談をしています。また、コロナ禍で被害が増えたことから2020年4月に内閣府が開設した「DV相談プラス」には、2022年度に5万件近い相談がありました。しかし、暴力から避難して、DV防止法に基づいて一時保護を受けているのはわずか2,700件程度です。

　2024年4月、4回目のDV防止法の改正がなされ、保護命令（DVを防ぐために、被害者の申立てにより裁判所が加害者に対し、「接近禁止」「電話等禁止」等を命ずる）の対象が身体的暴力に加えて精神的暴力に拡大されたり、接近禁止命令の期間が6カ月から1年に伸長されるなど、被害者保護の拡充がなされました。しかし、被害者が逃げることを前提とした法制度であり、被害者の住居にとどまる権利が保障されておらず、国際的な水準には達していません。

　また、性暴力については、刑法に性犯罪の規定があります。刑法は、家父長制のもと、女性の権利という考え方すらなかった明治時代（1907年）に制定された法律でした。ようやく2017年7月に110年ぶりに、男性の被害者も女性と同じく強制性交等罪の対象となるなどの一部改正がありました。しかし、1907年の立法時と変わらず「暴行・脅迫」が必要とされ、被害者が必死に抵抗したこと

を示すことが求められていました。また、若年被害者の保護のために、一定年齢(性交同意年齢:性行為への同意を自分で判断できるとみなす年齢)に満たない者との性交はたとえ「暴行・脅迫」が証明できなくとも犯罪とされますが、これが2017年には改正されず、従来通りの13歳のままでした。つまり、13歳の子と性交しても、「暴行・脅迫」が証明されない限り罰せられなかったのです。

　そこで、ヒューマンライツ・ナウを含む市民団体は、同意のない性的行為を犯罪とするなどのさらなる改正を求めて声を上げてきました。その結果、2023年7月、従来の「強制性交等罪」「強制わいせつ罪」は「不同意性交等罪」「不同意わいせつ罪」に改正され、同意のないことを示す8つの類型が明文化され、「同意しない意思」を基本とした犯罪になりました。また、性交同意年齢も、被害者が13歳以上16歳未満の場合には行為者が5歳以上の年長であるという条件付ですが、16歳に引き上げられました。さらに配偶者間でも犯罪が成立することが明文化されるなどの改正がされました。

国際人権法に基づいて要求される改善

　では、国際人権法では、どのように考えられているのでしょうか。国連女性差別撤廃委員会は、1992年、女性に対する暴力に関する一般的勧告第19号を出し、締約国に次のように勧告しました。

　まず、「ジェンダーに基づく暴力は、男性との平等を基礎とする権利及び自由を享受する女性の能力を著しく阻害する差別の一形態である」と述べています。そして、「家族による暴力及び虐待、レイプ、性的暴行及びその他のジェンダーに基づく暴力に対する法律が、すべての女性に適切な保護を与え、女性の保全と尊厳を尊重するように確保する」ことを求めています。

　1993年には、国連総会で「女性に対する暴力撤廃宣言」が採択され、そこでも、女性に対する暴力は差別の一形態であること、歴史的に不平等な男女間の力関係の表れであり、女性の人権に対する侵害であることが謳われています。

　そして、日本政府は、国連女性差別撤廃委員会から、2016年3月に次の内容の勧告を受けています。

①刑法の改正に当たっては、配偶者等からの暴力や個別の犯罪としての近親姦を含む女性に対する暴力に包括的に対処することを確保するため、本条約及び委員会の一般勧告第19号(1992年)並びにその法体系を十分に活用すること、②強かんの定義を拡張すること、③配偶者強かんを明示的に犯罪化するとともに法定強かんの法定刑の下限を引き上げること、④緊急保護命令発令の司法手続を迅速に行うこと、⑤女性や女児(特に移民女性)に対するあらゆる形態の暴力の被害者に通報を奨励し、暴力の被害者である女性がシェルターを利用でき、また十分な設備を確保すること、などです。

また、2014年には国連自由権規約委員会から、前回の勧告にもかかわらず前進が見られないことを厳しく指摘され、次のような勧告を受けました。

①一日も早く13歳という性交同意年齢を引き上げること、②強かん罪が成立するための要件を見直すための具体的行動をとること、③同性カップルも含むすべてのドメスティック・バイオレンスの報告を調査すること、④加害者が訴追され、有罪であれば適切な制裁によって罰せられること、⑤緊急の保護命令が与えられること、⑥性的暴力の被害者である移民女性が在留資格を失わないようにすること、⑦被害者が適切な保護にアクセスできるよう努力を強化すること、などです。

社会権規約委員会からは、2013年に、夫婦間強かんを含めた配偶者間暴力の犯罪化が勧告されています。

さらなる法改正を実現しよう

先に見たように、ここ数年で、国連から出された勧告の一部について、法改正が実現しました。しかし、依然として、国際的な水準には達していません。

今後の立法過程において、女性差別撤廃委員会の一般的意見第19号や「女性に対する暴力に関する立法ハンドブック」(国連経済社会局女性の地位向上部)、国連の勧告が十分に尊重されることが求められます。

[雪田樹理]

Q4 セクハラ

セクハラが、職場や学校・大学・福祉・スポーツの分野など、社会の様々な場面で発生しており、後を絶たない状況にありますが、どのようにすればセクハラをなくしていくことができるのでしょうか？

A4 セクハラは重大な人権侵害です。これまで雇用関係の問題として取り上げられることが多かったのですが、これからは「犯罪」として明確に取り締まることも含め、法整備も必要です。

セクハラは重大な人権侵害

セクハラ（正確にはセクシュアル・ハラスメントと言います）とは、相手の意に反する性的な言動のことです。性的な言動とは、性的な内容の発言や性的な行動を指します。具体的には、性的な事実関係を尋ねたり、情報を流したり、性的な関係を強要したり、身体に触ったり、わいせつな図画を配布したりすることです。

人は誰もが、性的なことに関して、自分が不快に感じることをされたり言われたりすることを強要されない、「性的自由」や「性的人格権」が基本的人権として保障されています。セクハラは、性的自由や性に関する自己決定権を侵害します。

社会生活のあらゆる場面で

職場におけるセクハラは、上司から部下あるいは同僚間で起きていますが、弱い立場にある非正規雇用の女性が被害を受けやすい傾向があります。2023年

度に厚生労働省都道府県労働局雇用環境・均等部(室)に職場のセクハラについて相談した人は7,414人で、相談者の約4割を占めており、妊娠や出産に関するハラスメント(マタニティ・ハラスメント＝マタハラ)で相談した人は1,756人で、約1割います。

また、職場だけではなく、教育の場で、教師がその立場を利用して生徒に対して行うもの(スクール・セクハラ)、大学で教員が学生に対して支配的関係や権限を利用して行うもの(キャンパス・セクハラ、アカデミック・ハラスメント)、福祉施設で職員など指導的立場にある人が、児童や障害のある利用者に対して、優位な立場を利用して行うもの、医療やカウンセリングの場で、医療従事者やカウンセラーがその優位的立場を利用して、患者やクライアントに対して行うもの、スポーツの指導者が選手に対して行うものなど、セクハラは社会生活のあらゆる場面で起きており、その被害は後を絶ちません。

被害者が受ける心の傷は大きい

そして、被害者が受ける心の傷はとても大きいものがあります。とりわけ、加害者が職場の上司、学校の教師、大学の教員、指導者など、被害者が信頼を寄せていた人であった場合には、その受けるダメージがより大きく、心的外傷後ストレス障害(PTSD)などのトラウマ性の精神疾患を発症することも珍しくありません。職場に出勤しづらくなり、退職せざるを得なくなったり、学校や大学に通学することができなくなるなど、被害者は性的自由を侵害されるだけではなく、働く権利や教育を受ける権利までも奪われてしまいます。

職場や大学などに、セクハラ相談窓口が設置されるようになってきていますが、弱い立場にある被害者の中には、相談しても信じてもらえるだろうか、周囲の人間関係が壊れるのではないかなど、相談をした後の職場や学校生活への影響を考え、誰にも相談できずにいる人がたくさんいます。

セクハラはそれほどに深刻な結果をもたらす、重大な人権侵害なのです。

被害者が立ち上がり、人権侵害だと認められてきた歴史

　日本には、セクハラをしてはいけないと、直接禁止している法律はありません。

　セクハラが人権侵害であり違法であることなどを支える法理論は、1980年代終わり以降、被害を受けた女性たちが裁判に立ち上がり、闘うことによって判例として勝ち取り、確立させてきた歴史があります。

　セクハラに関する国内法は、唯一、男女雇用機会均等法11条だけです。この法律は、労働者がセクハラを受けたときの対応によって解雇や降格・減給などの不利益を受けたり（対価型セクハラ）、不快な性的言動によってその能力が発揮できないなど就業環境を害されたり（環境型セクハラ）することのないように、事業主が労働者からの相談に応じ、適切に対応するために必要な体制を整備することなど、雇用管理上の措置を講じることを義務づけています。また、事業主がこの措置義務を適切かつ有効に実施するために、厚生労働省は「事業主が職場における性的な言動に起因する問題に関して雇用管理上講ずべき措置についての指針」というガイドラインを定めています。

セクハラを含む差別の撤廃への措置を求める国際人権基準

　では、セクハラについて、国際人権条約はどのように言っているのでしょうか。

　女性差別撤廃条約11条１は、雇用における女性差別を撤廃するための全ての適当な措置をとることを求めており、a.すべての人間の奪い得ない権利としての労働の権利、b.同一の雇用機会（雇用に関する同一の選考基準の適用を含む）についての権利を保障することを求めています。

　そして、女性差別撤廃委員会は、2009年、日本政府に対し、職場でセクハラが広がっていることや、法律遵守を強いるために違反企業名を公表する以上の制裁措置はないことに懸念を表明して、官民双方の雇用の分野で、セクハラを含む女性差別に対して、制裁措置を設けることを勧告しました。続いて2016年

3月には、職場でのセクハラを防止するため、禁止規定と適切な制裁措置を盛り込んだ法整備を行うことや、セクハラに対する労働法及び行動基準の順守を目的とした労働査察を定期的に行うことなどを勧告しています。

また、自由権規約は、締約国に対して、男女の平等を確保し、いかなる差別もなく、法律による平等かつ効果的な保護をすべての人に保障することを求めています（2条、3条、26条）。そして、自由権規約委員会は日本政府に対し、セクハラを犯罪とし、適切な罰則を伴う措置を講じることを求めています。

国連経済社会局女性の地位向上部（現在のUN Women）が、2009年に発表した「女性に対する暴力に関する立法ハンドブック」は、従来、セクハラは雇用分野で扱われてきたものの、それでは対応に限界があることを指摘しています。そして、次のような立法に関する勧告を出しています。

・セクハラを犯罪化すべきである。
・セクハラを差別の一形態であり、女性の健康と安全に関する人権を侵害するものであると認識すべきである。
・セクハラを上下関係、または同列な関係における不快な性的言動であると定義し、そのなかには、雇用（インフォーマルな雇用分野〔非正社員のこと──筆者注〕を含む）、教育、物やサービスの受領、スポーツ活動、財産の取引行為におけるものを含めるべきである。
・不快な性的言動には、（直接的または暗示的なものであるかどうかを問わず）、身体的接触や誘い、性的欲望を満たすための行為を要求すること、性的な発言、性描写が露骨である写真やポスターおよび落書きを示すこと、および他のあらゆる不快な性的意味合いを持つ身体的、言語的、非言語的行為を含むものとして規定すべきである。

また、2019年6月、ILO（国際労働機関）は、「仕事の世界における暴力とハラスメントの撤廃に関する条約」（ILO第190号条約）を採択しました。セクハラを含む「ジェンダーに基づく暴力とハラスメント」を含んだ職場における暴力と

ハラスメントをなくすための条約です。この条約では、働く人の地位にかかわらず、インターンや見習い、ボランティア、求職者などすべての人の保護を求めています。

国際水準から大きく立ち遅れた法整備を推し進めよう

他方、日本では2015年2月26日、最高裁判所が、上司らが女性労働者に対して、性的な発言を繰り返し行い、また、年齢や結婚していないことをことさらに取り上げて著しく侮辱的・下品な発言をしたことを理由に、雇用主が上司らに行った懲戒処分を有効とする判決を出しました。この最高裁判例をきっかけに、言葉によるセクハラも違法という法規範が社会に広く確立していくことでしょう。

また、2017年秋以降、セクハラや性暴力の被害者が声をあげる、「＃MeToo」運動がハリウッドから世界中に広がりました。日本では、近年、実名での性暴力の告発や財務事務次官（当時）によるセクハラの告発などがありましたが、他方、声をあげた被害者へのバッシングも横行し、社会的な理解が進んでいません。

わが国でも人権条約や国連の勧告を踏まえ、国際水準から大きく立ち遅れたセクハラや性暴力に関する法整備を積極的に推し進め、また、包括的な差別禁止の立法措置をとる必要があります。

［雪田樹理］

Q5 マタニティ・ハラスメント
子どもを産むって周りに迷惑をかけることなのでしょうか？

A5 子どもを産むこと、産まないことは、女性の権利です。周りの意識や制度の変革こそが重要です。

妊娠・出産した女性に対する嫌がらせが少なくない

　女性が妊娠・出産することは、女性自身にとってごく当然の権利ですね。しかし、妊娠・出産に伴う精神的・肉体的嫌がらせ、すなわちハラスメント（マタニティ・ハラスメント＝マタハラ、男性に対しての嫌がらせは「パタニティ・ハラスメント」）の例が数多く見られます。マタハラとは、どの様なことなのでしょう。そしてどのような救済方法があるのでしょうか。

　マタハラとは、①育休取得などの制度利用に対する嫌がらせと、②妊娠・出産という状態への嫌がらせの２種類があります。例えば、妊娠した幼稚園教諭が園長から中絶を求められ、さらに切迫流産により絶対安静を指示されていた時期に出勤を要請され、結果として流産に至ったケースがあります。これは②に該当し、損害賠償請求の裁判となりました。判決は、園及び園長の言動はマタハラにあたり、男女雇用機会均等法９条に違反するとして損害賠償の支払いを命じました。また、同じく②に該当するケースとして、女性社員が妊娠したことに対して、男性上司が「腹ぼて」などの言動をしたため会社から譴責処分を受け、男性が処分無効を求めて訴えた事件もあります。判決は男性の言動を「マタハラ発言」と認定し、処分を妥当としました。いっぽう、妊娠を理由に内定を取り消された女子学生が、同社に対して行った内定取消の撤回と損害賠償請求の裁判では、内定取消が妊娠を理由としたもので、労働契約法16条による

36

解約権の濫用と認められました。これはどちらかというと①に該当します。

男女とも生涯働き続ける時代

　このように、マタハラには流産にいたるような重篤なものから外見に対するからかいの言動、そして制度上の差別などが含まれています。なぜマタハラが起きるのかについては、企業等において、そもそも妊娠した女性を含む職場環境全般が劣悪である点、また育児休業を取得した労働者の代替などの制度が不備である点があげられます。さらに周囲の社員の妊娠・出産に対する理解度が低い点が、制度面および意識面のハラスメントを生み出していると考えられます。意識面における妊娠・出産・子育てに対する軽視やハラスメントをなくすためには、職場だけでなく社会的にも女性労働者の権利保護の観点が拡がることが必要です。

　日本の社会では、戦後、短い期間に女性の社会的役割が大きく変化しました。1968年には女性の労働力率は25 ～ 29歳では49％でしたが、2022年（25 ～ 34才）には87.8％と、働く女性のほうが多数になっています。若い時期に短期間働くというライフコースから、男女ともに生涯働き続ける選択へと変化している現在、社会や家族の意識や制度の変革が求められています。

時代の変化に応じた意識、制度へ

　こうした変化に対応するために、憲法や人権条約に基づく国内法制度も徐々に整備されてきました。1979年に採択された女性差別撤廃条約は、5条(a)で「両性いずれかの劣等性若しくは優越性の観念又は男女の定型化された役割に基づく偏見及び慣習その他あらゆる慣行の撤廃を実現するため、男女の社会的及び文化的な行動様式を修正すること」を国の義務としています。また雇用における差別撤廃のために、11条2項(a)は「妊娠又は母性休暇を理由とする解雇」等を制裁を科して禁止すること、および同項(c)では「親が家庭責任と職業上の責務及び社会的活動への参加とを両立させることを可能とするため」に社会的サービスの提供を奨励することを国の義務としています。マタハラは、男女の

Q5

マタニティ・ハラスメント

定型的な役割意識に基づいて行われ、家庭責任と職業上の責務との両立を難しくするもので、対策をとることが条約上の国の義務と考えられます。女性差別撤廃委員会も、2024年の日本の報告書に対する最終見解で、「男女雇用機会均等法を改正し、妊娠・育児……など、間接差別の禁止事由をより幅広く考慮する」)（40(i)）よう勧告をうけています。

　そもそも憲法では、子を生むこと、生まないことは13条の幸福追求権および自己決定権、すなわち人格権と解釈されています。子どもを持つかどうか、結婚するかどうかなどは、個人の人格に深く関わる重要な権利であり、個人の決定に委ねられているということです。そして、個人の自由に委ねられているということは、国はその決定に介入してはならないことを意味しています。また憲法24条2項は「……家族に関する事項については、法律は個人の尊厳と両性の平等に立脚して制定されなければならない」と定めており、マタハラは、このように重要な憲法上の権利である家族の形成に侵害を与える行為といえます。

　法律の面では、マタハラ防止を義務づける改正を行った男女雇用機会均等法および育児・介護休業法が、2017年1月から施行されています。男女雇用機会均等法は、これまで9条で事業主による妊娠・出産を理由とする不利益取り扱いを禁止していましたが、これに加えて、11条の3で上司や同僚からの妊娠・出産・育児休業等を理由とする嫌がらせ等(マタハラ・パタハラ)を防止する措置(啓発・相談制度・迅速な対応・原因や要因の解消)を講ずることを事業主に義務づけました。育児休業法でも、10条で育児休業等の取得を理由とする不利益取扱いの禁止、25条でマタハラ・パタハラの防止措置を義務づけました。罰則規定はありませんが、厚生労働省は、「指針(平成28年厚生労働省告示312号)」によりマタハラの類型を示すだけでなく、措置義務とともに望ましい取組もあげ、法律や指針に従わない事業主に対して指導、勧告を行い、勧告に従わない場合は企業名の公表を行ないます。このように事業主は不利益取扱いの禁止だけではなく、職場環境を整備してマタハラ・パタハラを防止することを義務付けられています。

子どもを産むこと、産まないことは、女性の権利

　子どもを産むことおよび産まないことは憲法上の女性の権利です。また女性差別撤廃条約12条も、周産期における女性の健康サービスの確保を国に義務づけています。女性の個人の尊厳に立脚した生殖の権利保護という観点からは、マタハラはこうした女性の権利の重大な侵害です。妊娠し心身ともに不安定な状態にある女性労働者が、働きやすい職場の条件を整えることが事業主の責務です。どのような家族をいつどのように作るかは、憲法と人権条約に保護されている個人の人格に関わる重要な権利であることを忘れないでください。

【参考文献】

・国際女性の地位協会『コンメンタール女性差別撤廃条約』（尚学社、2010年）

・町田悠子ほか編『裁判例や通達から読み解くマタニティ・ハラスメント』（労働開発研究会、2018年）

・小酒部さやか『マタハラ問題』（筑摩書房、2016年）

[建石真公子]

Q6　児童ポルノ

スマートフォンの普及によって、SNS 等を通じて子どもたちが簡単に自撮りの画像を送ることができるようになりました。おとなが子どもとの SNS のやり取りで、優しい言葉をかけ安心させて、子どもに性的画像を送らせることは、性的搾取であり、児童買春・児童ポルノ禁止法の対象となるのではないでしょうか？

A6　18 歳未満の子どもが被写体である性的動画を、子どもに自撮りで送らせることは、性的搾取として、児童買春・児童ポルノ禁止法で禁止されている犯罪となります。また、16 歳未満の子どもの場合には、2023 年の刑法改正によって、「映像送信罪」が新設されたことにより、子どもを手なずけて、性的映像の送信を要求すること自体が犯罪になります。日本の法律は世界水準から見てまだ課題は残りますが、少しずつ、自撮りによる性的画像の送信という性的搾取を問題とするようになってきています。

デジタル性被害が広がっている

　毎日のように、「SNS で知り合った少女に裸の写真を撮影させたうえ、スマートフォンに送らせたとして逮捕された」という事件報道がなされます。SNS を通じて面識のないおとなと子どもが知り合い、「交際や知人関係等に発展する前に被害にあった事犯（SNS に起因する事犯）」は年々増加しています。その被害のなかで最も多いのが児童ポルノの被害です。

　「SNS に起因する事犯」で、投稿者である子どもは、最初から性的動画を上げ

たりはしません。ただ、誰かとつながりたくて、プロフィールや趣味、友達募集といった「普通」の情報を提供しているだけです（警察庁の統計による。〈https://www.npa.go.jp/policy_area/no_cp/uploads/R5kodomo.pdf〉）。子どもたちの情報を見たおとなたちが、子どもたちの性的画像を手に入れたいという意図を隠して、子どもたちに優しい言葉をかけ、子どもたちの抱えている問題を解決しようとするそぶりを見せます。子どもたちの信頼を勝ち取り、手なずけた（グルーミング）あとで、自撮りの性的画像を要求します。このような加害者の巧妙な罠に、子どもたちはそれと知らずにはめられていくのです。

　性的画像を提供させられた子どもたちは、自撮りをして送信した自分が悪いと思い込みます。自らが行動を起こしたことで「叱られる」と思って、誰にも相談できず、被害を申告することが困難なために画像を取り消すこともできずに、インターネット上の性的画像は放置されたままになってしまいます。

　児童ポルノは、児童への性暴力の場面を永遠に記録するものであることから、短期的な影響のみならず、長期的な影響も問題とされます。自撮りの性的画像を送った子どもは、それが流通し拡散することや映像がデジタル空間に残り続けることを、成人後に知ることもあります。

　最近では、第三者に送信してしまった映像の削除をSNS運営会社に要求することで拡散を防ぐ、「Take It Down」という仕組みも導入されています（詳しくは全米行方不明・被搾取児童センターの日本語版サイト〈https://takeitdown.ncmec.org/ja/〉参照）。

自撮り被害は児童ポルノ法によって対応される

　自撮りの性被害に対しては、児童買春・児童ポルノ禁止法により処罰されます。

　この法律では、18歳未満の子どもを「児童」として、性的な対象として記録に残すことを禁止しています。

　具体的には、写真や電子データなどによって、子どもの「姿態を視覚により認識することができる方法によって描写したもの」の中で、1号ポルノ：子ど

もが性交や性交類似行為をしている姿を撮ったもの、2号ポルノ：子ども自身や他人が子どもの性器を触る「姿態であって性欲を興奮させ又は刺激するもの」、3号ポルノ：裸や水着のような露出の多い衣類を着用した子どもの姿態で、ことさらに性的な部位（性器やその周辺部、臀部又は胸部）が「露出され又は強調されているもの」で、「性欲を興奮させ又は刺激するもの」を児童ポルノとして処罰の対象としています。なお、製造や公然陳列、提供以外にも、譲渡目的等ではなく所持した場合（単純所持）も処罰の対象となります。また、2023年の刑法改正により「映像送信要求罪」が新設されたことにより、16歳未満の者に対して性的な写真や動画を送るように要求する行為も処罰されることになりました。

　ただ、問題は、性的搾取の被害者も、自撮り性画像を製造・公然陳列した場合に処罰の対象となるということです。実際、児童ポルノ事犯の検挙人員の約半数が、10代の子どもたちで占められています。スマートフォンによる性的画像の自撮りとそのアップロードという、法律制定当時には予想されなかった事態を受けて、子どもを性的搾取から保護する方策が求められています。

世界水準からは十分ではない

　子どもの性的搾取からの保護は、児童ポルノに関して、日本は世界水準から見て十分ではありません。

　日本が批准等している国際基準のなかで、児童ポルノに直接言及するものとしては、①子どもの権利条約、②最悪の形態の児童労働の禁止及び撤廃のための即時の行動に関する条約（第182号）（ILO182号条約）、③児童の売買、児童買春及び児童ポルノに関する子どもの権利に関する条約の選択議定書（児童売買等議定書）、及び④サイバー犯罪条約があります。

　なかでも、2001年サイバー犯罪条約では、「児童ポルノ」は、子ども自身が「性的にあからさまな行為を行う」場合だけではなく、「性的にあからさまな行為を行う未成年者であると外見上認められる者」と規定しています。同条約が「未成年に見える」場合に、児童ポルノとして処罰しているのは、未成年を性的搾取

の対象としてもいいという性的搾取肯定的な規範が社会の「あたりまえ」となることを防ぐことで、より直接的な子どもの性被害を防止することにあります。

　残念ながら、日本政府は同条約の受諾に際して、本条約の適用を実在の子どもに限るという解釈宣言をしています。これは、児童ポルノに関して、写っているのが「未成年に見える成年」の場合や「アニメのような実在しないもの」の場合には、日本政府としては処罰しないということを意味します。子どもに対する性的搾取に対して、きちんと向き合おうとしていないのです。

本物の児童かを見極めるのは困難

　児童ポルノの処罰で最も問題となるのは、３号ポルノの形態です。おとなが性的行為自体には関与せずに、ただ映像を撮る行為については、それが「性欲を興奮させ又は刺激するもの」と判断されたものだけが児童ポルノとなります。では、誰がそれを判断するのでしょうか。犯罪捜査機関である警察が第一次的には判断することになります。

　ヒューマンライツ・ナウが2017年に公表した調査報告「日本・児童ポルノの実情と課題　子どもたちを守るために何が求められているのか──『疑わしさ』の壁を越えて」〈https://hrn.or.jp/activity_statement/8307/〉では、「着エロ」やイメージ・ビデオが、３号ポルノの要件を満たしていると思われるのに、街中で堂々と販売されている問題を指摘しています。実は、私たちが問題だとしたビデオに関して、警察が捜査したところ、14歳とビデオに表示されているけれども、演技している人は18歳以上だったとして事件とはなりませんでした。

　現行の児童売春・児童ポルノ禁止法では、18歳未満の子どもが実際にビデオに出演して性的搾取の対象とならなければ子どもの権利が侵害されないとしています。そのため、ビデオのパッケージに「14歳」や「女子中学生」と表示されていても、実際に出演者が18歳以上であれば、犯罪とはならないのです。このことは、１号・２号ポルノにも当てはまります。

子どもの性的搾取を助長する社会

　そもそも、日本の社会は、子どもを性的な対象とすることに躊躇がありません。その一つに、性交に関して合意があっても犯罪が成立する年齢（性交同意年齢）が2023年7月まで、13歳未満と極めて低かったことがあげられます。13歳以上であれば、成人と同様に性的主体としてふるまうことが長らく求められてきました。

　2017年に刑法における性犯罪規定が110年ぶりに改正されました。それまで、男性が加害者で女性が被害者である形態しか強姦罪として重く処罰されてきませんでした。この改正で、行為や被害者を男女どちらかに限定しないことになりました。罪名も「強制性交等罪」になり、男性器の挿入があれば、女性が加害者になることも、男性が被害者になることも可能になったのです。けれども、性交同意年齢は変化しませんでした。

　あまりに低い性交同意年齢については、国連子どもの権利委員会から何度も勧告されていたのですが、2023年にやっと16歳となりました。なお、行為者と被害者の年齢が5歳しか離れていない場合には、同意があれば、犯罪は成立しません。これでやっと、これまで成人同様の性的成熟が要求されていた13歳から15歳の子どもたちが性的搾取から保護されるようになりました。

　子どもの性的搾取を防止し、しかも、いやなことにはノーと言えるようにするために、人権教育としての性教育の充実は欠かせません。対等な立場で同意に基づいて行われる性的行為のみが、お互いの性的自己決定権を尊重したものといえることや、たとえ処罰されなくても性暴力となる場合があるという教育が子どもにもおとなにも必要です。

　おとなによる子どもの性的搾取という子どもの成長発達権を阻害する行為は、何も児童ポルノに限られたわけではありません。しかし、いったんネット上で拡散された性的画像は取り返しがつかないことは、その中でも重大な問題です。性的搾取の被害者である子どもが性的な自撮り画像を送信することを罰することなく、そのような画像を送らせたり受け取ったりする加害者だけを罰

するように法制度を変えることが、今、必要です。

【参考文献】
・櫻井鼓＝横浜思春期問題研究所編『SNSと性被害──理解と効果的な支援のために』（誠信書房、2024年）
・さいきまこ『言えないことをしたのは誰？（上）（下）』（現代書館、2024年）

[後藤弘子]

Q6

児童ポルノ

Q7　人身売買

日本は、性サービスをする産業や、発展途上国の人たちに研修をしてもらう制度の中などで、性的搾取や強制的な労働が行われ、人身売買が行われているとされています。人身売買の被害に遭った人は保護されていますか？

A7　人身売買は過去の話、遠い国の話ではありません。
日本政府も対応策を打ち出していますが、被害者保護を含めた人身売買対策に関する総合的な法律が必要です。

今も日本で起きている人身売買

　人身売買は、遠い昔の話でも遠くの外国でのみ起きている話でもありません。今も、この日本で起きていることです。

　日本は長い間、人身売買の被害者の目的地であると言われてきました。また、年に1回アメリカ国務省が出している人身売買の実態についての報告書でも、日本は10年以上、「第2階層」との評価が続き、2018年に初めて「第1階層」（被害者保護の最低基準を満たしていること）と評価されました。2019年も「第1階層」でしたが、2020年以降は再び「第2階層」の評価が続いています。「第2階層」とは、人身売買の被害者保護の最低基準を満たしていない、ということです。

　外国から連れてこられた女性が、借金を負わされ、男性に性的サービスをする場所で働かされるケースは典型的なものです。また、発展途上国の人々に日本の技術を学んでもらうための外国人技能実習という制度も、強制的に働かされる場となっており、人身売買の1つであると批判されています。

　さらに、ここ数年は日本人（特に若い女性）が国内で人身売買の被害に遭うケースが目立ちます。警察庁の報告によれば、2022（令和4）年の人身売買被

害者数は46名、2021（令和3）年は47名、2020（令和2）年は38名とされていますが、ここ数年間は、日本人の被害者が最も多くを占めています。

日本政府も取組みを始めた

日本政府は、2004年に人身売買への対応策をまとめた、人身取引対策行動計画を発表しました。これは、その後2009年と2014年に改訂されています。また、2005年に、人身売買にかかわる犯罪の処罰を強化する目的で刑法が改正され、さらに人身売買の外国籍被害者を保護するために入管法が改正されました。

さまざまな国際条約で禁止される人身売買

上でお話した刑法や入管法の改正は、日本政府が、国際的な組織犯罪の防止に関する国際連合条約を補足する「人、特に女性及び児童の取引を防止し、抑止し及び処罰するための議定書」(2000年。以下、「人身売買議定書」といいます)、という人身売買についての主要な国際条約を批准する準備をするためになされました。日本政府は、2017年にようやく、この議定書を批准しました。

人身売買議定書は、犯罪を取り締まるという観点から制定されたもので、被害者の保護や被害の防止への国の義務は緩やかです。被害者のプライバシーの保護、必要な情報提供、被害者の身体的・心理的・社会的回復のための適切な住居の確保や、被害者が被害の賠償を受ける制度の保障等を規定していますが（同6条）、適当な場合に、可能な範囲ですればよいとされています。これでは被害者の人権保護の観点からは不十分であるので、被害者の人権保護の観点から、国連人権高等弁務官事務所は、人権および人身売買に関して奨励される原則および指針を出しており、人身売買の被害者保護や人権を第一に考えた対策にあたっては、同指針をも考慮する必要があります。

日本が批准している条約でも禁止されている

日本が批准する国際人権条約のうち、人身売買について規定している条約をご紹介します。

Q7

人身売買

①自由権規約：8条は、誰もに奴隷状態及び隷属状態におかれない権利があることを定め、またあらゆる形態の奴隷制度・奴隷取引の禁止を国に義務付けています。

②女性差別撤廃条約：6条は、あらゆる形態の女性の人身売買及び女性の売春からの搾取を禁止するためのすべての適当な措置（立法を含む）をとることを国に義務付けています。

③子どもの権利条約：経済的搾取（32条）、あらゆる形態の性的搾取及び性的虐待（34条）、さらに他の全ての形態の搾取（36条）から子どもを保護することを国に義務付けています。加えて、35条で、子どもの人身売買を防止するためのすべての適当な二国間または多数国間の措置をとることを国に義務付けています。

不十分な日本の取組み

日本の取組みは不十分と言わざるを得ません。国連の「人、とくに女性と子どもの人身売買に関する特別報告者」ジョイ・ヌゴジ・エゼイロ氏の報告書（2009年）を含め、国連から様々な勧告を受けています。被害者の数に関する統計が欠けていること、人身売買の加害者の実刑判決が少ないこと、被害者に対する医療、カウンセリング、未払い賃金や補償を要求する場合の法的支援やリハビリテーションを含む長期的支援が不十分であること等を改善することが主な勧告の内容です。女性差別撤廃委員会は、さらに、強制労働や性的搾取の目的でインターンシップや研修プログラムが利用される可能性を指摘し、厳格な監視を求めています。

日本がなすべきこと

日本には、人身売買を定義し、人身売買の加害者を罰することや被害者を保護することについての総合的な法律が存在しません。また、被害者であると認定する手順は統一されておらず、基準も公表されていません。そのため、人身売買の被害者の認知・認定は各関係機関（具体的には入国管理局と警察）によって

異なり正確な被害が把握できず、救われるべき被害者が抜け落ちてしまうおそれもあります。

　さらに、被害者の保護は自治体や民間のシェルターの運用によって行われており、国の政策としてこうしなければならないというルールがあるわけではなく、場当たり的です。法的な根拠をもって被害者の保護や被害の防止に取り組んでいくことで、予測可能性や安定性、持続性のある対策が可能になります。したがって、被害者の認知・保護、被害の防止等を規定した立法が必要であると考えられます。

　また、統一された保護法制はもちろんですが、日本人女性が被害に遭いやすい性的搾取（例：AV出演強要）や外国人の技能実習制度のもとでの労働搾取など、特定のパターンの人身売買に適用しうる個別法制が必要な場合もあります。需要を抑える対策として、加害者の処罰に目を向けてみると、2005年の刑法改正にもかかわらず、実際には、人身売買罪で処罰された加害者はわずかで、加害者は他のより軽い罪でしか処罰されません。その結果、人身売買の被害者が犯罪被害者に保障されている被害者保護の手続をとることができないことがあります（例えば、民事損害賠償命令制度は、「人身売買罪」の被害者は利用できますが、他の軽い罪の被害者は利用できません）。より厳しい処罰を科す運用が必要です。

Q7

人身売買

私たちがすべきこと

　ただ、法律を作ったり、現在の運用を変えることは簡単なことではありません。私たちは、この日本社会の中に、人身売買の問題が存在するということを知り、自分自身が被害に遭わないように気を付けるとともに、自分の周りにいる人たちが巻き込まれることのないように、問題の深刻さを伝えていくことが大切であると思います。

[皆川涼子]

Q8　AV出演強要

「モデルにならない？」との誘いを受けて、事務所との契約書にサインをしました。ところが実際にあてがわれた仕事は、AV（アダルトビデオ）への出演でした。契約書にサインしている以上、この仕事を断れないのでしょうか？

A8　望まないのに無理やりAVに出演させられるのは、重大な人権侵害です。人権を侵害する契約はそもそも認められないものですので、そんな仕事は断っても大丈夫。
　自分一人で断るのは大変かもしれませんので、周りの人や弁護士さんに是非相談してください。

AV出演強要問題とは

　「モデルにならない？」「タレントにならない？」そんなスカウトの誘いを受けて、期待に胸を膨らませて事務所との契約書にサインをする若い女性たち。

　ところが、女性たちがひとたび契約書にサインすると、AV（アダルトビデオ）への出演を強要される、という深刻な被害が相次いでいます。

　国際人権NGOヒューマンライツ・ナウはAV出演強要被害問題について2016年3月にこの問題に関する調査報告書を公表しました（調査報告書「日本：強要されるアダルトビデオ撮影——ポルノ・アダルトビデオ産業が生み出す、少年・少女に対する人権侵害」）。

　調査の結果、若い女性たちが、AVに出演するという意識がないままプロダクションと契約を締結した途端、「契約だから仕事を拒絶できない」「仕事を断れば違約金」「親にばらす」等と脅され、AV出演を強要される事例が後を絶たないことが判明しました。

真面目な子ほど追い詰められ

　真面目で責任感のある優しい女の子ほど追いつめられ、親に迷惑をかけるわけにもいかない、と思い悩み、周囲に相談もできず「我慢するしかない」とAV出演に追い込まれていました。また、グラビアの撮影だと騙されて撮影現場に行ったところ、AVの撮影で、「話が違う」と言っても大勢の大人に囲まれてしまい、みんなから怒鳴られて出演をせざるを得なくなった女性も少なくありません。

　こうして強要されて撮影された動画がひとたび販売されると、その動画は、インターネットを通じて半永久的に拡散され続け、女性はずっと苦しみ続けます。誰かにばれることを恐れて結婚も仕事もできずに家に引きこもり続ける女性や、そのことを苦に自殺した女性もいます。過酷な撮影で精神的に傷つき、心の傷に苦しみ続ける被害者も少なくありません。

　若い女性の無知や困窮に乗じて、意に反する性行為を衆人環視のなかで強要され、その一部始終を撮影されて販売され続ける、女性に対する暴力であり、深刻な人権侵害です。

法の隙間にある問題

　なぜこのようなひどいことがまかり通るのでしょうか。

　女性はスカウトに誘われてプロダクションに所属し、契約を締結しますが、「与えられた仕事はやらなければならない義務がある」と書かれ、「従わなければ違約金」と書かれていたのです。こうした契約をたてに、女性はプロダクションの決めたことに全面的に従わなければならない状況に追い込まれたのです。

　プロダクションと女性の関係は完全に支配従属的関係にあります。ところが、AV出演の多くは労働契約という形態をとらないため、労働者としての保護もなく、労働基準監督署などによる監督もありません。

　プロダクションがAV制作会社に女性を派遣することは、労働者派遣法上許

されない「有害業務への派遣」にあたり、刑罰の対象となるはずです。ところが、契約書には「委任契約」などと書かれているため、労働者派遣法で処罰される事例も少ないのが現状です。

　かといって、AV出演は売春防止法が適用されるわけでもない、騙されて出演をさせられたとしても、消費者契約でもないため消費者としても保護されない、AV制作を監督する官庁もない。このようにAV出演被害は、法律による人権擁護が及ばない場所で発生していたのです。

明らかな人権侵害

　しかし、法律がないから、女性たちはAV出演を強要されてもいいのでしょうか。嫌がる女性を裸にし、衆人環視のもとで性行為を強要し、その一部始終を撮影して販売し、その動画が永久に販売・配信され続け女性がずっと苦しみ続ける、あまりにも深刻な、女性に対する許しがたい人権侵害です。

　女性が嫌がるのに性行為を強要することは、女性に対する暴力の一形態です。1990年代に国連総会は、女性に対する暴力は女性の人権に反するものであり、国連加盟国は女性に対する暴力を根絶し、被害者を保護しなければならない、とする「女性に対する暴力撤廃宣言」を採択しています。女性差別撤廃条約の解釈としても、女性に対する暴力は深刻な女性差別であって、許されない、ということに異論はありません。このように、女性に対する暴力は許されないことは国際人権法上明らかなのです。

　また、よく考えてみれば、どんな労働であっても、嫌がる人に強要をすることはできません。強制労働は日本が批准したILO条約などで禁止されています。そして「違約金」など債務があることをたてにして労働を強要することは「債務奴隷」といわれていますが、世界人権宣言によって「奴隷」は禁止されています。また、「モデルにならない？」等と騙してAVの事務所に連れてきて、拘束力の極めて高い契約をサインさせた挙句、契約書をたてに意に反する出演を強要するのは、国際法によって禁止された「人身売買」といえるのです。

政府や裁判所が動き出した

　ヒューマンライツ・ナウの報告書では、こうした国際法に違反する深刻な女性に対する暴力であることを訴え、AV業界に監督官庁もなく、相談機関・救済機関もないまま多くの女性たちが被害にあっている状況に早急に対応するよう政府に求めました。その結果、政府は2016年6月にこの問題に対応すると閣議決定、2017年5月には関連各省庁による被害防止、啓発、法令による取締り等の対策を決定しました。

　また、2015年9月東京地裁は、AV出演を拒絶して契約解除し、撮影現場にいかなかった女性が2400万円もの違約金を請求された事件について、意に反するAV出演は強制されてはならないとし、出演前日までに契約を解除した場合、プロダクションからの違約金請求は認められないとする判決を出しました。違約金を理由に出演を強要することはできない、ということが明らかになったのです。

　「違約金」に脅えて困っている女性たちには、一人で困っていないで周囲に助けを求めてほしい、そして、勇気を出して断り、その場から逃げてほしいと願います。そして何より、スカウトの言うままに、よくわからない契約書には絶対サインしないでください。

　さらに、被害が深刻であることを受けて、2022年には、AV出演を巡る被害を防止し救済するための新しい法律、「AV出演被害防止・救済法」(正式名称は「性をめぐる個人の尊厳が重んぜられる社会の形成に資するために性行為映像制作物への出演に係る被害の防止を図り及び出演者の救済に資するための出演契約等に関する特則等に関する法律」)が成立しました。

　この法律は、性行為を強要されてはならないことを大前提に、事業者に説明責任や書面での契約書の作成を義務付け、契約から撮影は1カ月、撮影から販売は4カ月の期間を空けることを義務付け、発売前はいつでも、そして発売後も1年間は無条件で契約を解除して作品を差し止めることができ、差し止めを求められた事業者は販売・配信の停止などの措置を取らなければならないこと

Q8

AV出演強要

等、詳細に被害者保護と救済を定めています。契約書もないのに撮影をしようとする事業者は処罰されます。また、どうしても断れずに追い詰められてしまった被害者も撮影後も無条件で差し止める権利を得たことは被害回復にとってとても大きな前進です。

こうした動きが進んだ背景には、出演を拒絶してNOと言った女性の行動、そして自分も被害にあった、ということを告発した女性たちの本当に勇気ある発言が相次いだことがあります。勇気ある被害者の声が社会を変えた、と言ってもよいでしょう。

政府は以下のウェブページでこの法律を広く宣伝しています（https://www.gender.go.jp/policy/no_violence/avjk/index.html）。

そして、被害者の相談窓口も全国にできました。#8891に電話すれば、相談支援機関につながることができます。もし、今困っている方がいたら、一人で悩まずに電話をかけて、相談してください。

人権を侵害する契約など認められない

最近、「仕事だから仕方ない」「契約書にサインした私が悪い」と、AV出演強要にとどまらず、過酷なバイト等の理不尽な犠牲や搾取に耐え続ける若い人が増えています。アイドルにも「恋愛禁止」などの不当なルールにがんじがらめにされ、行動の自由を奪われている人たちがいます。

しかし、契約や仕事、ビジネスは、大切な性や尊厳、人権を犠牲にするものであってはなりません。人権を侵害する契約の強制はそもそも国際人権法、そして憲法に反するのであり、犠牲を耐えなければならないわけではありません。どうか、おかしなことは「おかしい」と断ってほしいと思います。理不尽な仕打ちや人権侵害、強要が、ルールや契約書によって正当化されることはあってはなりません。

[伊藤和子]

第 2 章

安心して
生活するためには?

Q9 職場での長時間労働やハラスメント

長時間労働やハラスメントのない職場は、本当に実現するのでしょうか？

SDGs に取り組んでいる私の勤務先は、「職場環境の改善」、「働きがいの向上」を掲げています。しかし、実際には、長時間労働やハラスメントが続いています。心身ともに健康に仕事を続けたいという入社 3 年目の私の希望を、国際的な基準はかなえてくれるのでしょうか。

A9 「働きがいのある人間らしい仕事」を目指し、国際労働基準は、長時間労働やハラスメントを防止し、働き手の人権を保護するための基準を定めています。国際労働基準に沿って国の法制度を整え、また企業の取組みを進めることが必要です。

働きがいのある人間らしい仕事

「働きがいのある人間らしい仕事」という言葉をご存知でしょうか。これは、国際労働機関（ILO）で、1999年に登場した"decent work"の考え方を指しています。仕事は、収入を確保し、生計を成り立たせるための手段の一つですが、労働の対価として賃金が支払われるだけでは足りないのです。労働条件を公正にして、働き手の人権が尊重されるよう確保し、また、労働によって個人が自己実現でき、社会の発展に繋がる。これらを目指しているのが、「働きがいのある人間らしい仕事」という考え方です。

ILOの理念と国際労働基準

ILOは、第一次世界大戦後のヴェルサイユ平和条約に記された、「世界の永続する平和は、社会正義を基礎としてのみ確立される」との理念に基づいて、1919年に設立されました。その最高意思決定機関である総会は、政府、使用者（雇い主）、労働者の三者の各国からの代表で構成されています。三者で労働に関する社会的課題を議論し、解決を目指すことが、世界平和の確立に不可欠であると考えられたのです。

ILOは、「労働は商品ではない」という考え方を明確にしています。これは、労働力をできるだけ安く使用する（働き手を搾取する）ことで、市場での競争力を獲得するという現実社会にあって、人間である労働者の保護の必要性を強調するものでした。このような考え方に沿って、ILOは、国際労働基準（労働に関する国際的なスタンダード）を策定しています。

ILOが策定する中核的労働基準の内容

ILOが策定する国際労働基準のうち、結社の自由（労働組合等の結成・加入の自由）及び団体交渉権（労働者個人ではなく労働組合等が使用者と労働条件について交渉する権利）の承認、児童労働の撤廃、強制労働の廃止、雇用及び職業における差別の排除、安全で健康的な労働環境（労働安全衛生）という５つの分野は、いずれも人権課題として重要な分野であり、中核的労働基準と言われています。労働安全衛生の分野には、長時間労働の課題が含まれます。また、差別の排除とは、人種、肌の色、性別、宗教、政治的信条、民族的出自、社会的身分、性的マイノリティ、病気や障がいの有無等を根拠とする差別をなくすことを意味し、ハラスメントの禁止を含みます。

企業は中核的労働基準を尊重する責任がある

日本を含むILO加盟国には、中核的労働基準を尊重し、促進し、実現する義務があるとされており、中核的労働基準に整合した国内法や制度を整備するこ

とが求められています。企業は、国内法を遵守することを通じて、中核的労働基準にも従うことになります。しかし、もし、国内法が中核的労働基準を十分に反映した規定になっていない場合には、どうなるでしょうか。

たとえば、中核的労働基準では、働き手を募集・採用する段階で、人種に基づくハラスメントを禁止しています。他方、日本では、求人・求職のあっせんの局面での差別の禁止はあるものの、企業が求職者の採用に際して人種に基づくハラスメントをしてはならないと法律で明確に定めていないのが現状です。しかし、企業には国際基準に従って人権を尊重する責任があると考えられています。そのため、国内法が不十分な場合、企業は、国際基準である中核的労働基準に基づいた行動を取るよう努力することが必要です。すなわち、ある求職者に対する人種を理由としたハラスメントが、国内法で禁止されていないからといって許されるわけではありません。

以上のような考え方を裏付けるのが、2011年に国連人権理事会で支持された、「ビジネスと人権に関する指導原則」です（詳細は、コラム60頁、185頁をご参照ください）。同原則は、企業には、人権を尊重する責任があるとして、事業活動を行う国の労働法を遵守するだけでなく、中核的労働基準などの国際的に認められた人権を尊重することを求めています。

中核的労働基準に違反するとどうなるか？

長時間労働やハラスメントは、労働基準法といった国内法違反や、企業が負う安全配慮義務違反として法的責任の問題となり得ます。それだけでなく、働き手の心身の健康や良好な職場環境を阻害し、人権侵害というべき重大な問題です。「働きがいのある人間らしい仕事」の確保を目指すILOの理念からもかけ離れたものです。そして、国際的に特に重要とされているILO中核的労働基準の要請を満たさない労働のあり方は、日本の労働分野に関する法制度や企業活動に対する国際的な評判を落とすことにつながりかねません。

日本国内でも、「ビジネスと人権」の考え方の普及によって、取引先で長時間労働が行われていないか、労働者の人権が守られているかを、企業がチェック

したうえで取引する変化が起きています。また、「エシカル消費」(人や社会・環境に配慮した消費行動)の浸透によって、長時間労働によって製造された製品や、ハラスメントが多く起きる企業のサービスは選ばないという消費者の意識も高まってきました。2019年には、地方の縫製工場で働く外国人技能実習生の劣悪な労働環境について取り上げた放送局のドキュメンタリー番組をきっかけに、SNS上で特定のブランドのタオルの不買運動が呼びかけられました。これからは、労働者の労働環境を守り、人権を尊重して提供される製品やサービスこそが、市場で競争力を獲得するようになるはずです。

進化する国際労働基準の力を借りる

ILOは、常に社会の変化に合わせて、新たな国際労働基準を策定しています。たとえば、2019年には、「仕事の世界における暴力及びハラスメントの撤廃に関する条約(第190号)」を採択しました。日本法には、直接的にハラスメントを禁止する規定がないこと、中核的労働基準のうち差別の排除に関する第111号条約やハラスメントに関する第190号条約を批准していないこと等、多くの課題があります。日本の法制度や日本企業の雇用慣行について、国際労働基準との差(ギャップ)がどこにあるかを分析し、国際労働基準を遵守するために何をどう変えていかなければいけないのか、私たち一人ひとりが考え、変革に向けて行動していくことが必要です。「働きがいのある人間らしい仕事」は、国際労働基準の力を借りて、私たちの手で実現していくものなのです。

[大村恵実]

【コラム】企業が人権のためにできること
──企業はカネさえ儲かっていればいいのか

企業も「良い市民」であるべき

　企業というのは、一義的には「カネ儲けのための団体」という認識があります。人権というのは行政や市民団体などが考えることで、企業は法律さえ守っていれば、後はひたすら株主や従業員のための利益を追求していればいい、という考えです。しかし、本当にそれだけでいいのでしょうか。なるほど富を作り出し、皆が必要とするモノやサービスを提供して、人々を雇用しているのは大切な社会貢献と言えます。しかし、今の時代は、それだけではやはり足りません。利益の追求は大切かも知れませんが、同時に人権も尊重する、「良い市民」であることが求められています。

　もともと企業が社会の一員としての自覚を持って振舞うべきだという考えは昔から日本には根強く、「良い市民」であるべきというのは、何も目新しい発想ではありません。違うのは、市民の要求する水準が、日本でも海外でも昨今高くなってきたということではないでしょうか。

　例えば、資源開発をする時に、現地住民が強制的に立ち退かされることがあります。開発によって環境が汚染されたり、自然や文化遺産が破壊されることもあります。また、サプライチェーン（仕入先や出荷先。必ずしも自社であるとは限らない）の工場や農場の労働環境が劣悪だったり、安全でなかったりすることもあります。日本でも労働条件が過酷な企業に対する批判が高まっています。こういう場合は社会問題になって企業のブランドに傷がついたり、国際的な不買運動に発展して企業の利益が打撃を受けることも少なくありません。

　こういう時、企業が「法律に従っていた」「現地国の政府（もしくは日本政府）の協力を得ていた」と言っても、通用しません。今、世界の市民が求めているのは、「最低限の水準を守っていた」というものではありません。最低限をはるか

に超えた、人権に真剣に取り組む姿勢が要求されているのです。

国連がまとめた指導原則

国連の人権理事会が採択した、「ビジネスと人権に関する指導原則」というものがあります。まとめたのがジョン・ラギーというアメリカ人なので「ラギー原則」と呼ばれることも多いです。それには、企業は人権を侵害してはならない、人権侵害に加担してはならない、などと決められています。指導原則は国家に対して法的拘束力のある条約ではないし、そもそも企業というのは国家ではないので、指導原則自体によって企業が法律的に縛られるなどということはありません。しかし、「法律のように縛られないから守らなくていい」などというものではありません。やはり行動の指針として、企業は真剣に受け止めるべきものなのです。また、指導原則は何年もかけて作られたのですが、そのプロセスには大勢の企業も参加して、意見が反映されています。上から押し付けられた一方的なものなどではなく、企業も納得した上で出来たものなのです。実際、日本企業でも、指導原則を守ると宣言をしたり、方針を発表したりしているところも少なくありません。今は、その方針を実施するべき時なのです。

それでは、企業人には具体的に何ができるのでしょうか。

CSRを超える——「ウチはすごく寄付しているから」は×

企業の社会的責任、CSR（Corporate Social Responsibility）という考え方が日本でも少し前から流行っていますね。CSRの定義というのははっきりしないのですが、企業は利益を社会に還元する責任があるというのが根本で、人権とダブっている部分も結構あります。ただし、多くの場合は、企業が例えばNGOなどに寄付活動をすることでCSRを果たしていると考えられがちです。企業の寄付で助かっている人はたくさんいますので、是非続けて欲しいと思います。しかし、景気がいい時はともかく、一旦景気が悪くなると企業は寄付をしぶりがちになることが多いです。また、寄付先は経営陣の個人的なお気に入りに偏ってしまいがちです。

人権というのは、ある意味ではCSRを超えたところにあります。国際法で決められた人権の決まりがあって、守るべきルールがはっきりしています。余裕（利益）があるときにするCSRと違い、人権は皆がいつでも必ず守らなければならないものです。そういう意味では、発想の転換が必要と言えます。

人権を会社全部のものにする──「あれは◎◎部の担当だから」は×

大きい企業の多くにはCSRを担当する部署があって、人権問題も大抵その部署が担当することになります。また、例えば労働問題、採用の際の公平性などは、人事部が担当しています。実務をする人がはっきりしているのはもちろん大切なことですが、場合によっては、人権はその部署だけの仕事と考えられてしまって、他の事業と関係のないものだと思われてしまうこともあります。即ち、他の部門の社員は、「人権は私とは関係ないこと」と考えてしまうのです。

しかし、人権は会社のあらゆる部門と直結しています。調達部門や販売部門、広報部門など、企業には様々な部署がありますが、人権問題に絶対に直面しないところはありません。社員一人ひとりが人権に関して知識を持ち、人権は守るべき大切なルールであると認識することが大切です。そして一人ひとりが、人権問題を見た時はそれを指摘して、改善を訴える責任を持っているのです。人権を「他人の問題」でなく、「自分の問題」とする自覚が必要なのです。

現地の人と協議を

日本でも海外でも一緒ですが、企業の事業に直接影響を受ける人がいます。例えば工場の従業員だけでなく、工場の近くにあるコミュニティーや、商品を運搬する地域のコミュニティーです。また、例えば資源を開発するなどという大きなプロジェクトの場合は、大勢の人が影響を受ける可能性があります。雇用が生み出される、経済が良くなるなどという良い影響ももちろんありますが、人権の視点で見ると負の影響が大きい場合も決して少なくありません。

一にも二にも、とにかく現地の人の声に耳を傾けることです。事業の計画段階ですでに協議の場を設け、通して親身に話し合い、ことあるごとにオープン

に臨むべきです。手間がかかると考えがちですが、後々社会問題になり、例えば事業が遅延した、場合によっては撤退せざるを得ないことも少なくありません。その時のロスを考えると、協議のコストは実は大したものではありません。外国の事例を見ると、想定できた出費と比較して協議にかかった支出が微々たるものであることが証明されています。そして、現地住民の声を大事にする、人権を尊重すると評判になれば、企業も後々やりやすいのです。逆に、人権を侵害する企業という評判がたてば、ブランドを回復するのは容易ではありません。現地住民と親身に話し合い、問題があった時は誠意を持って対応するという姿勢が大事です。

特に注意しなければならない「紛争地」：パレスチナの例

　グローバル企業であれば、時には国際的な武力紛争のある国や地域で事業をすることもあります。当然ながら紛争時には人権侵害が起きてしまうことが多く、特別な注意が必要です。紛争時は人権の国際的基準だけでなく、国際人道法という、武力紛争時の法律が適用されます。特に民間人や民間施設を攻撃の対象としない、敵の軍事施設を攻撃する際でも可能な限り民間人を保護しなければならないなどといった決まりがあります。占領地で暮らす人々を保護する規定もあり、例えば土地や資源の収奪、支配国の国民の入植などは基本的に許されません。そのような行動に企業が加担するのは当然あるまじきことです。

　2023年10月よりイスラエル軍がパレスチナのガザ地区で、民間人の安全性を顧みない猛烈な攻撃を続けています。2024年1月に国際司法裁判所が、イスラエルの軍事行動がジェノサイド（一つの民族などの集団自体を殺害しようとすること）に値する可能性があると判断しました。その判断を受けて、イスラエルの軍事企業と提携して日本向けの装備品を輸入する予定だった日本の大手商社が、合意を解消すると発表しました。人権の重要性を認識した、英断です。しかし、他の日本企業で類似する提携を続けているところもあり、残念ながら人権の大切さはまだ全ての日本企業に浸透されていないといえます。

　また、軍事企業との提携はわかりやすいといえますが、問題はそれだけでは

ありません。イスラエルはパレスチナのヨルダン川西岸地区を占領しています
が、そこで何十年も違法な入植活動を続けており、国際的な非難を受けていま
す。「入植地」はもはや地方都市で、ある程度の規模以上のあらゆるイスラエル
企業が関わっています。なので、軍事関係以外であってもイスラエル企業と提
携することは、必然的にパレスチナの土地を違法に収奪した入植、パレスチナ
人の人権侵害に加担することになることを認識する必要があります。

NGOとパートナーになる

　日本にも海外にも、人権の視点で企業の事業を調査するNGOがたくさんあ
ります。時には企業の問題点を指摘したり、情報開示を求めたりします。残念
ながら、日本企業の中には、こういったNGOとのうまい付き合い方がまだ出
来ていないところも少なくないように見受けられます。問題点を指摘されたと
いうだけで相手を露骨に敵視したり、本来なら公開しても問題のない情報を出
したがらなかったり、対話に応じなかったりします。

　NGOは市民社会の代表の一つと言えます。問題点の指摘は耳が痛いことも
あるかもしれませんが、NGOは会社を潰そうとしているのではなく、事業の
改善によって人権が守られる社会を作ろうと考えています。NGOを厄介者で
はなくむしろパートナーとして見て、地元住民と同じように協議の場を作っ
て、声に真摯に耳を傾けることが大切です。ビジネスと人権のことを一緒に考
え、一緒に解決を模索する姿勢が求められています。

　以上のことをきちんとやり遂げるには、ビジネスのやり方を変える必要があ
ることもあるでしょう。企業にとっては不慣れなこともあるかもしれません
が、もはや「企業はカネ儲けさえしていればよく、人権など関係ない」で済まさ
れないところに来ています。時代に乗り遅れないためにも、日本企業は人権に
真剣に取り組むことが期待されています。

[髙橋宗瑠]

Q10　過労死

日本では長時間仕事をしたことで病気になって亡くなったり（過労死）、自殺したり（過労自殺）する労働者がいます。このような過労死・過労自殺は自己責任なのでしょうか？それとも労働者は長時間労働から守られうるのでしょうか？

A10　「長時間労働をしないですむ権利」は、日本の法律でも国際人権法でも認められた権利であり、過労死・過労自殺は自己責任ではありません。これらをなくすためには、公的な規制が必要です。

過労死・過労自殺の現状

　日本では、労働者が業務のために長時間の残業や休日出勤を繰り返すことにより、脳や心臓の病気によって過労死したり、精神障がいになった結果過労自殺したりする事例が多く見られます。厚生労働省は、2023年度に過労死と認定された労働者が61人、過労自殺と認定された労働者が84人いたとしていますが、実際の過労死、過労自殺の数はこれを上回ると考えられています。また、近年は、大手広告代理店の新入社員の過労自殺をきっかけに、20代・30代といった若年層の過労死・過労自殺が深刻な社会問題となっています。

　過労死や過労自殺は命が失われるという点では大変な人権侵害です。確かに、過労死や過労自殺と認定されると、国から補償金が支給され、また、労働者の勤務先に対する損害賠償請求が認められることがありますが、失われた命が戻るわけではありません。

過労死・過労自殺をめぐる現状と社会権規約

　労働基準法32条には、労働者に1日当たり8時間以上、1週間当たり40時間以上の労働をさせてはいけないと定められています。しかし、実際には会社と労働者の代表が協定を結ぶことにより労働基準法で定めた時間を超える労働が可能になっており、大多数の会社で協定に基づく残業が行われています。2021年にWHO（世界保健機関）とILO（国際労働機関）が公表した報告によれば、1カ月当たり65時間を超える残業をすると過労死のリスクが高まると言われていますが、この協定によって1カ月当たり80時間の残業が許される場合もあります。労働基準監督署は、過労死のリスクが生じるような残業を認める協定を受け付けるべきではないのですが、そのような協定を受け付けているのが現状です。

　つまり、法律上は、1日8時間、1週間40時間の労働という原則があり、協定に基づく残業は例外という位置付けであるにもかかわらず、実際には原則と例外が逆転しているのです。そして、労働基準監督署が過労死・過労自殺につながるような長時間の残業を取り締まる役割を十分に果たせていないのです。

　社会権規約7条は、「この規約の締約国は、すべての者が公正かつ良好な労働条件を享受する権利を有することを認める。この労働条件は、特に次のものを確保する労働条件とする」とした上で、確保すべき労働条件の1つとして「休息、余暇、労働時間の合理的な制限及び定期的な有給休暇並びに公の休日についての報酬」が定められています。労働時間の合理的な制限が確保された労働条件が権利になっていることからすれば、社会権規約では、過労死・過労自殺につながるような長時間労働をしないですむ権利が労働者に認められているのです。決して、過労死・過労自殺は自己責任ではありません。

　2013年、国連の社会権規約委員会は、日本が社会権規約を守っているかを審査しました。その際、社会権規約委員会は、日本で多くの労働者が長時間労働をしており、過労死・過労自殺が発生し続けていることに懸念を表明しました。そして、過労死・過労自殺の現状を念頭に、日本政府に対して、長時間労

働を防止するための措置を強化し、労働時間の延長についての制限を守らない会社に対して制裁を加えるよう勧告しました。

社会権規約委員会の過労死・過労自殺に関する勧告を受け、過労死・過労自殺を防止するための法律を制定する動きが強まりました。そして、2014年、過労死等防止対策推進法が制定されました。この法律により、国が過労死・過労自殺を防ぐための調査研究をすること、過労死・過労自殺に至る前に相談できるような体制を整えることなどが定められました。

さらに、労働基準法の改正により、2019年4月から、1カ月当たり100時間以上の残業や2カ月ないし6カ月平均で80時間を超える残業を労働者にさせた会社が処罰されるようになりました。

しかし、このような労働時間の上限規制は、月65時間以上の残業で過労死のリスクが高まるという国際的な知見に照らしても不十分です。

過労死・過労自殺をなくすために

過労死・過労自殺をなくすためには、長時間労働ができないようにすることが必要です。国際的な知見に合わせる形で許される労働時間の上限を引き下げ、月65時間以上の残業は一切許されないようにすべきです。

また、労働時間に関するILO条約はいくつもありますが、日本はこれらの条約にまったく入っていません。日本は一刻も早く労働時間に関するILOの様々な条約に入ることが求められます。

さらに、労働者が仕事を終えてから次の日に仕事を始めるまでの間（インターバル）についての規制を導入すべきです。EU（欧州連合）では、労働者の健康を守る目的で、最低11時間のインターバルを設けることが求められています。EU並みのインターバル規制が導入されれば、長時間労働に歯止めが掛かり、過労死・過労自殺を予防することができます。

そして、スマートフォンの普及で使用者がいつでも労働者に電話や電子メールの送信ができてしまう現状に鑑み、勤務時間外に労働者が業務上の電話やメールに対応する必要がないこと（つながらない権利）を法律で明記することも

Q10

過労死

検討すべきです。例えば、フランスでは、2017年に施行された法律により、つながらない権利が正式に認められています。

　なお、2017年5月、厚生労働省が違法な長時間労働をさせるなどした会社の名前を公表しました。しかし、過労死・過労自殺を発生させた会社の名前が全て公表されているわけではなく、現状は不十分です。過労死・過労自殺を起こすと大きな不利益になることを会社に理解してもらい、会社に長時間労働の防止に取り組んでもらうという点では、過労死・過労自殺を発生させた会社の名前を全て公表することは検討に値するといえるでしょう。

[須田洋平]

Q11　自殺

日本では毎年2万人以上の人が自殺しています。このような状況は人権侵害ではないのでしょうか。

A11　自殺の中には、「追い込まれた末の死」が相当含まれていると考えられます。そのような状況に追い込まれないようにするため、自殺問題を人権の視点で捉え直し、国や自治体、企業や学校などの義務・責任を考えることが必要です。

毎年2万人以上の自殺者

　統計によると、2022年に2万1,881人の方が自殺しました。日本の自殺者数は、1998年以降、14年連続で3万人を超える状態が続いてきました。2012年になって3万人を下回り、以後、自殺者の総数は減少し続けていますが、それでも毎年2万人以上の人が自ら命を落としています。

　年齢別でみると、50歳代が4,093人で全体の18.7％を占め、次いで40歳代（3,665人、16.7％）、70歳代（2,994人、13.7％）、60歳代（2,765人、12.6％）、の順となっています。人は、ガンをはじめとする病気や交通事故など様々な原因で死亡しますが、その死因を年代別にみると、10歳から39歳までの死因の第1位は自殺となっており、若い世代の自殺が特に深刻であるということができます。

　国際的には、諸外国の自殺死亡率（人口10万人あたりの死亡数）は、韓国が25.7で最も高く、次いで、リトアニアが20.1、ベラルーシが19.0と続いており、日本は16.4で5番目に高くなっています（2023年WHO作成資料）。G7（主要7カ国）で見た場合、日本の自殺死亡率がトップです（以上、統計は厚生労働省『令和5年版自殺対策白書』より）。

Q11

自殺

表　日本の年代別死因第1位（2021年）

年齢階級	死因	死亡数	死亡率*	割合（%）*
10〜14歳	自殺	128	2.4	29.0
15〜19歳	自殺	632	11.5	52.5
20〜24歳	自殺	1,285	21.8	58.9
25〜29歳	自殺	1,241	20.9	53.4
30〜34歳	自殺	1,180	19.0	41.2
35〜39歳	自殺	1,297	18.3	30.2
40〜44歳	悪性新生物〈腫瘍〉	2,037	25.6	28.5
45〜49歳	悪性新生物〈腫瘍〉	4,296	45.0	31.4
50〜54歳	悪性新生物〈腫瘍〉	7,445	82.0	35.5
55〜59歳	悪性新生物〈腫瘍〉	11,365	147.8	40.9
60〜64歳	悪性新生物〈腫瘍〉	17,660	242.0	44.0

出典：厚生労働省『令和5年版自殺対策白書』第1－11表（厚生労働省「人口動態統計」より厚生労働省自殺対策推進室作成）

＊死亡率とは、人口10万人あたりの死亡者。割合とは、それぞれの年齢階級別死亡者数を100とした場合の割合。

「追い込まれた末の自死」をどう捉えるか

　自殺とは、自らの意思で自らの生命を絶つことです。日本では、自殺することは犯罪ではありません。そうすると、人は、自分の判断で死にたいと思い、それを実現するわけですから、国としては、その意思を尊重し、口出しすべきではないということにもなりそうです。

　しかし、自殺は、個人の自由な意思や選択の結果ではなく、追い込まれた末の死であるとすれば、どうでしょうか。

　人は、様々な悩みが原因で心理的に追い詰められたり、社会とのつながりが希薄になり、生きていても役に立たないという無力感を抱くようになったり、与えられた役割に対する過剰な負担感から、危機的な状態にまで追い込まれたりすると、精神的なストレスが増加し、正常な判断ができなくなってしまいます。実際、自殺に至った人の直前の心の健康状態を見ると、大多数は、抑うつ状態にあったり、うつ病やアルコール依存症といった精神疾患を発症していたりと、これらの影響により正常な判断を行うことができない状態となっていることが明らかになっています。

このような心理状態に陥る原因は様々です。毎晩遅くまで残業させられたり、毎日のように上司からパワハラを受けたりしていると、働くことが辛くなってしまいます。突然、会社から解雇されたり、給料をカットされたりすると、明日からの生活が立ち行かなくなり、一気に追いつめられてしまうでしょう。そして、仕事がなくなってしまうと、生き延びるために借金をせざるをえなくなり、それを返済するために、さらに借金を繰り返すという状態に陥ります。また、家庭内暴力や虐待といった家庭内の問題が原因で精神的に不安定になることも少なくありません。さらに、学校でのいじめや教師による体罰も深刻です。このような原因が複合的・連鎖的に重なり、人は、生きる希望を失い、死にたいと思うまでに追い込まれていくのです。

自殺をめぐる会社・学校・国・自治体の責任

　このように考えると、自殺するのは本人の自由だといって済まされる問題ではないことは分かるでしょう。当然ながら、会社や学校には、従業員や生徒が自殺しないように配慮する義務があります。したがって、そのような義務を怠った場合には責任を問われることになります。

　では、国や自治体はどうでしょうか。自殺が、追い詰められた結果の無念の死であることからすると、生きる権利という究極的な人権が侵害されているということができます。したがって、国は、人権を保障する見地から、人を自殺に追い込むような社会的・構造的要因を取り除いたり、自殺者を減らすために具体的な対策を講じたりする義務があるといえるでしょう。

　たとえば、日本の人権状況を審査した国連の社会権規約委員会は、職場における長時間労働・精神的嫌がらせと自殺の問題について、以下のとおり懸念を表明し、勧告をしています（経済的、社会的及び文化的権利に関する委員会「第50会期において委員会により採択された日本の第3回定期報告に関する総括所見」2013年5月17日。仮訳：外務省）。

　「委員会は、締約国による雇用主の自発的行動を促進する措置はとられているものの、相当数の労働者が過度に長い時間労働を続けていることに懸念を

もって留意する。また、委員会は、過重労働による死及び職場における精神的嫌がらせによる自殺が発生し続けていることに懸念を表明する。

委員会は、安全かつ健康的な労働条件と労働時間の合理的な制限についての労働者の権利を保護する本規約第7条の義務に沿った形で、締約国が長時間労働を防止するための措置を強化し、労働時間の延長についての制限の不遵守に対して制裁が確実に適用されるようにすることを勧告する。また、委員会は、締約国に対して、必要な場合には、職場における全ての形態の嫌がらせを禁止し、防止することを目的とした法令及び規則を採用することを勧告する」。

また、子どもの自殺については、国連子どもの権利委員会が以下のような勧告を出しています（子どもの権利委員会「第4回・第5回統合定期報告書に関する総括所見」2019年3月5日。訳：子どもの権利条約NGOレポート連絡会議）。

「子どもの自殺の根本的原因に関する調査研究を行ない、防止措置を実施し、かつ、学校にソーシャルワーカーおよび心理相談サービスを配置すること」。

自殺問題を人権の視点から捉え直す

日本政府や地方自治体は、2006年に制定された自殺対策基本法（2016年改正）に基づき、2015年に18.5であった自殺死亡率を13.0まで減らすことを目標に（2015年比30％以上減少）、様々な取組みを行っています。政府が定めた自殺総合対策大綱では、社会における「生きることの阻害要因」を減らし、「生きることの促進要因」を増やすことを通じて、社会全体の自殺リスクを低下させるという基本理念の下、自殺対策にかかわる関連機関との連携・協力の強化や子ども・若者の自殺対策、勤務問題による自殺対策の更なる推進等が当面の重点施策として挙げられています。しかし、このような取組みにも関わらず、毎年2万人を超える人が自殺しているという状況は異常であると言わざるをえません。そのような現状を打破し、状況を大きく改善させるためには、自殺の問題を人権の視点から捉え直し、国や地方公共団体に課された役割を正面から考えることが必要です。

［芝池俊輝］

Q12　奨学金

日本では、特に、大学に進学するのにお金が必要です。ですから、お金に余裕がないと、進学ができない場合があります。親がお金持ちかどうかに関係なく、安心して、学びの機会を得ることはできませんか？

A12　日本での教育への公的支出の水準は、先進国で最低レベルに留まっています。
　大学については、無利子や給付型（返還不要型）奨学金の充実が求められます。

日本での無償教育は基本的に中学まで

　日本では、高校、大学等に進学するのに、お金がかかります。中学までのように、制度的に無償ではありません。そのため、家庭の事情等で、進学するだけのお金がないと、進学自体をあきらめざるをえない場合があり、学ぶ意欲があり、能力があっても、活かすことができないことになります。

　また、進学しても、お金に余裕がないと、本人が学費や生活費等を補うためにアルバイトをすることもあります。しかし、労働条件が極端に悪いこともあるでしょう。学生の本分である学びの時間が減ってしまう場合もあります。これでは、実質的に、学ぶ権利が保障されていないことになります。

返済が必要、それも利子付きのことが多い日本の奨学金

　もっとも、経済的余裕がない人のために、奨学金をもらって進学するという方法もあります。しかし、日本では、奨学金は、貸与型の有利子、すなわち最終的には返済しなくてはならず、それも利子がついている場合が多いのです。

これでは、社会に出たときに、多くの借金を背負っていることになり、それも返済するまで長い時間が必要な場合があります。このような事態が予想されるので、そもそも進学をあきらめる場合があるでしょう。結果として、その人の学ぶ権利が侵害されることになります。

国際人権法では大学も無料にしていくべきことになっている

日本国憲法は26条で、学ぶ権利について保障しています。そして、教育基本法4条1項は、「すべて国民は、ひとしく、その能力に応じた教育を受ける機会を与えられなければならず、人種、信条、性別、社会的身分、経済的地位又は門地によって、教育上差別されない」と規定しています。ここでは、「経済的地位」も列挙されているのです。

国際人権法の分野でみると、社会権規約13条2項(b)及び(c)で、中等教育及び高等教育における「特に、無償教育の漸進的導入」が規定されています。中等教育とは、日本では中学及び高校での教育を指します。高等教育とは、日本では、大学及び高等専門学校での教育を指します。ここで「漸進的」とは、順を追って確実に進むという意味です。

日本は社会権規約は批准していますが、この条項については、日本政府は長い間、留保してきました。日本政府は、従いませんでした。ようやく2012年にその留保を撤回しました。

中等・高等教育の現状はどうか

それでは、中等教育から現状を、みてみましょう。

日本政府は、2010年度からは、法律によって、公立高校の授業料を免除することにしました。そして、私立高校については、就学支援金が支給されることになりました。以上のことは、中等教育における「無償教育の漸進的導入」の一環といえるかもしれません。

しかし後に、法改正により所得制限制度が導入されました。すなわち、ある一定の所得がある家庭では、以前のように授業料を負担しなければならなくな

りました。これでは「すべて国民は、ひとしく」ということに反しています。無
条件に、区別なく、中等教育を無償化することに反しているのであって、「漸
進的導入」というより、後退したといえるでしょう。

　確かに、所得がある家庭は負担してもいいのでは、という意見もあるかもし
れません。しかし、所得が高い家庭ではすでに、所得に応じたより多くの税金
を支払うことによって、公的な教育費を負担しているともいえます。

　ところで、主要先進国をみると、ほとんどの国では中等教育での授業料が徴
収されておらず、徴収するとしてもごく軽微な額にとどまっています。所得格
差、経済格差が大きいとされるアメリカでさえ、そうなのです。その点、日本
は、国際水準に達していないといえるでしょう。

　次に高等教育の現状をみてみます。

　高等教育では、「無償教育の漸進的導入」からは、ほど遠い現状にあります。
現状では、国公立、私立ともに授業料の金額は一貫して高くなり続けていま
す。このことから、経済的余裕がない家庭の子どもは、そもそも大学進学をあ
きらめたり、大学に入っても、中途退学したりする場合もあるのです。それに
比べて、ヨーロッパ諸国では、大学の学費は無償もしくは日本の学費に比べる
とかなり安いところが多いのです。

　そして先に述べたように、日本では奨学金を得ても、大学を卒業して社会に
出たときにすでに数百万円の「借金」を背負うこともあるのです。その後、結婚
して、子の教育費や住宅費などに多くのお金が必要でも、奨学金という「借金」
が重くのしかかることになれば、その返済のために別に借金を重ね、最終的に
は行き詰まり、自己破産せざるをえないこともあります。

高校は無償化、大学は無利子や給付の奨学金を

　以上の「学ぶ権利」の侵害状況を改善するにはどうすればよいでしょうか。

　中等教育では、無条件に、所得の区別なく、授業料の無償化が実現されるべ
きでしょう。

　高等教育では、奨学金制度の改革が急務です。現在多くなっている有利子か

Q12

奨学金

ら無利子への転換が必要でしょう。返済の減免を広く認めることも、重要です。所得に応じて、免除、減額したり、ゆるやかな返済方法を認めたりなどです。そして、貸与型でなく給付型の奨学金の創設などがあります。

高等教育については、いわゆる大学無償化制度が2025年から実施されます。扶養の子どもが3人以上の多子世帯等が、所得制限なしに支援されます。しかし、対象となる学生は限定的です。対象が拡大されるべきです。

大学等の授業料を減らすため、少なくとも値上げを止めるために、国・自治体による大学等への補助金の増額が望ましいでしょう。

これらは、公的支出を伴うので、国・自治体の財政的裏付けが必要です。

経済協力開発機構（OECD）の中で、教育機関への公的支出の国内総生産（GDP）における割合は、データのある国の中で日本が下から2番目でした（2019年時点。OECD報告書）。大学などの高等教育を受ける学生の私費負担の割合は、日本は67％と、OECD平均の31％を大きく上回りました。つまり日本の現状は、国際水準でも、教育に対する公的支出の割合がきわめて低いのです。

未来の大人になる子どもについて、「自己責任論」で学ぶ権利が奪われてもいいのでしょうか。現在では、親が金持ちではないと子どもは進学できない状況になってきており、その状況が加速化、そして固定化されてきています。

上記の改善策がとられ、子どもの「学ぶ権利」が実質的に保障されることが強く望まれます。

【参考文献】
・奨学金問題対策全国会議編『日本の奨学金はこれでいいのか！』（あけび書房、2013年）

[田形祐樹]

Q13 生活保護
生活保護を利用するのは恥ずかしいことなのでしょうか？

A13　いいえ。私たちが生きていくこの社会の前提として「生存権」が存在し、誰もが等しく人間らしい生活をつむいでいくことができるために、「生活保護制度」は存在しています。

豊かなはずの日本で起きた悲劇

　2012年1月、札幌市白石区のとあるマンションの一室で、2人の女性の遺体が発見されました。部屋に住んでいたのは40代の姉妹。料金滞納で電気・ガスは止められ、冷蔵庫のなかも空っぽ。42歳の姉が脳内出血で病死してしまったあと、知的障がいのある40歳の妹はやせ細り、凍死してしまいました。

　遺された姉の携帯電話には「111」の発信記録が何度も残されていました。知的障がいをもつ妹が、姉が倒れたあとに何度も救急や警察などの助けを求めようとして届かなかったことがうかがえます。

　そして、実は、この姉妹は、約1年半前から3回にわたり区役所へ相談に訪れていましたが、生活保護の申請にはいたらず、2回目の相談では非常用のパンの缶詰を交付されたのみだったそうです。このような悲劇が再び起こらないようにするには、一体どうしたらよいのでしょうか。

最後のセーフティネットである生活保護

　日本国憲法では、25条に「生存権」と国の社会的使命が規定されています。

　「第25条　すべて国民は、健康で文化的な最低限度の生活を営む権利を有する。

国は、すべての生活部面について、社会福祉、社会保障及び公衆衛生の向上及び増進に努めなければならない。」

生存権とは文字通り、私たち一人ひとりが生きていくための権利。そして、国の社会的使命とは、私たち一人ひとりが生きていくことができるように、必要な制度や施策を整えることを義務づけたものです。生活保護は、この憲法25条に基づき、生活に困窮し、一定程度の資産や収入の状況におちいってしまった場合、誰でも利用することが可能な制度です。

現在、日本で生活保護を利用している人は約201万人（2024年4月現在。厚労省「被保護者調査」）。病気や高齢により仕事をすることができなかったり、不況で仕事をみつけられなかったり、家族や親族の援助を受けることができなかったり。さまざまな理由で生活に困ってしまった人を支える「最後のセーフティネット」として、人口の1.6％ほどの人を支えています。

しかし一方で、生活保護は、さまざまな誤解や偏見の眼差しにさらされています。「税金で養ってもらっている」「怠けている奴、努力しない人が使っている」「パチンコに使われるだけ」「真面目に働くのが損」などなど。そして、実際に、2012年には芸能人の母が生活保護を利用しているという報道をきっかけに「生活保護バッシング」と呼ばれる、生活保護への誹謗中傷が吹き荒れました。こういった、生活保護への誤解や偏見は、生活保護を利用する必要がある状態の人が、スティグマ性（恥の意識）を感じて、家族や周囲の目が気になって利用することをためらってしまったり、生活保護を利用して生きていくことに、肩身の狭い想いをさせてしまうことにつながってしまいます。

また、冒頭に紹介した札幌市白石区のように、「水際作戦」と呼ばれる、本来は生活保護を利用できる状況の人を、窓口で不当に追い返す、という事案も多く発生しています。

2013年には、日本の生活保護について、国連の社会権規約委員会より、「生活保護の申請手続を簡素化し、かつ申請者が尊厳をもって扱われることを確保するための措置をとるよう」「スティグマを解消する目的で、締約国が住民の教育を行なうよう」という勧告がなされました。国際的にみても、日本の生活保

護は必要な人が利用しづらい、負い目を感じてしまう制度となってしまっています。

削減されるセーフティネット

　私たちの「生存権」を保障するための生活保護制度。しかし、近年、政府の方針により削減されています。2013年8月より段階的に、生活保護の基準額が各世帯で平均6％切り下げられました。また、2013年12月には生活保護法が約60年ぶりに改正され、不正受給対策として生活保護の手続きなどの変更がなされ、結果的に国連の社会権規約委員会の勧告と正反対の方向で、より一人ひとりの尊厳や権利が損なわれやすいような制度改正がなされたことになったといっても過言ではありません。

　生活保護利用者の55％は高齢世帯、25％は傷病・障害世帯、4％が母子世帯（2024年4月現在。厚労省「被保護者調査」）となっています。一連の生活保護をとりまく制度改正は、日本社会において、より弱い立場の人が、より生きづらくなってしまう状況を後押ししてしまうことでしょう。

生活保護を利用するのは恥ずかしいことなの？

　日本では、現在、6.5人に1人が貧困状態にあるといわれています（15.4％。2022年厚労省「国民生活基礎調査」）。そして、この貧困率は近年上昇しています。貧困状態におちいる人の原因、状況はさまざまです。やむにやまれぬ事情がある人もいれば、自己責任に思えるような人もいるでしょう。しかし、生活保護制度はどのような事情であっても「無差別平等」に保護することを掲げています。私たちが生きていくこの社会の前提として「生存権」は存在しています。生活保護を利用することは恥ずかしいことでしょうか？　生活保護は恩恵でしょうか？　答えはもちろん、NOです。

[大西連]

Q14　被災者の生活

2011 (平成23) 年3月11日の東日本大震災によって自宅を失い、現在も仮設住宅などでの避難生活を余儀なくされている人たちがいます。こうした避難者の生活は、どのように保障されるべきでしょうか?

A14　国際人権条約では「相当な生活水準」が保障されています。自宅再建のための支援金の拡充、公営住宅の増築、高齢者の支援など、するべきことはまだたくさんあります。

厳しい生活を強いられる避難者たち

　2011 (平成23) 年3月11日に発生した東日本大震災によって、約30万人の人たちがそれまで住み慣れた自宅を失うなどして、避難生活を余儀なくされました。

　避難者は、当初は体育館や公民館、イベント施設など、いわゆる一次避難所として開放された避難所での生活を強いられました。避難所での生活は、たとえば体育館の中に大勢の避難者が寝泊まりするなどしており、プライバシーもなく、食事についても、たとえば1日に1回おにぎりが配られるだけという避難所もありました。

　その後、多くの避難者は、一次避難所から仮設住宅に移ることになりました。仮設住宅、特に新たに建てる建設型の応急仮設住宅(その多くはプレハブ造り)は、避難者であれば無償で住むことができるものの、部屋の間取りが狭く住むのに不便で、壁が薄くて寒さ対策も十分ではありません。このような住宅で寒さが厳しい東北地方の冬を乗り切るのは大変です。また、あくまでも応急的な避難場所として、短期間しか住まないことを想定した簡易な造りなので、

震災から何年も経つと建物のあちこちが傷んで室内もカビが増えるなど、とても安心して住み続けられる住宅ではありませんでした。

また、避難者の中には一人暮らしの高齢者も少なくないのですが、こうした人たちは、自分の力で買い物に行ったり病院に通院することができない人も少なくありません。しかし、こうした高齢者に対する介護や支援が十分に行き届いていない状態で、高齢の避難者が仮設住宅の中で誰にも発見されずに亡くなってしまうという、仮設住宅における孤独死も問題となっていました。

東日本大震災に関連する仮設住宅は2024年９月時点ではほぼ無くなっていますが、その後の災害でも仮設住宅が設けられていることがあります。そのような際には、東日本大震災の時に明らかになった上記のような問題点について、対応することが必要だと考えられます。

自宅再建のためには不十分な制度

自宅の再建を希望する被災者については、被災者生活再建支援法という法律があり、この法律により、震災で自宅を失うなどした被災者は、その自宅の再建方法に応じて一定額の支援金(被災者生活再建支援金)が支給されるという制度があります。しかし、この制度は、支給されるための要件として、自宅が震災によって全壊か大規模半壊したなどの場合に限定されている上、支給金額の上限が300万円と低いため、失った自宅を再建するために十分な制度とはなっていません。

東日本大震災の後、自宅を再建するだけの経済的余裕のない避難者を対象にして、各自治体で災害公営住宅が建設されました。しかし、この災害公営住宅は、仮設住宅とは異なり、家賃を支払わなければなりません。収入が少ない避難者などに対しては、通常の公営住宅入居者に対するもの以上に家賃を減額するという措置はありますが、この措置のための国からの補助は、災害公営住宅ができてから６年目以降には段階的に引き下げられ、10年目以降は無くなります。2015年ごろに多くの災害公営住宅が完成しているので、それから10年を迎える今後、家賃の減額措置がなくなり困る避難者が多く出てくる可能性があり

被災者の生活

Q14

ます。

条約で避難者を含むすべての人に保障される「相当な生活水準」

　しかしながら、社会権規約11条１項では、「この規約の締約国は、自己及び
その家族のための相当な食糧、衣類及び住居を内容とする相当な生活水準につ
いての並びに生活条件の不断の改善についてのすべての者の権利を認める。締
約国は、この権利の実現を確保するために適当な措置をとり、このためには、
自由な合意に基づく国際協力が極めて重要であることを認める」と規定し、締
約国が、避難者を含むその国に住む人々の食糧、衣類、住居などについての相
当な生活水準や生活条件を保障すべきことを定めています。

　また同規約12条１項では、「この規約の締約国は、すべての者が到達可能な
最高水準の身体及び精神の健康を享受する権利を有することを認める」と規定
し、同２項では「この規約の締約国が１の権利の完全な実現を達成するために
とる措置には、次のことに必要な措置を含む」とし、その(d)では「病気の場合に
すべての者に医療及び看護を確保するような条件の創出」と規定しています。
ここでは、締約国が、避難者を含むその国に住む人々の身体及び精神の健康の
ために、医療や看護などを確保すべきことを定めています。

避難者のさまざまな生活を保障するために公的な制度の確立が必要

　そこで、この社会権規約に基づき、まず、震災で自宅を失った避難者の住宅
再建の支援のさらなる拡充を図るため、国は、被災者生活再建支援法を改正
し、同法に基づく住宅再建のための支援金支給に関する要件を緩めたり、支給
金額の上限を引き上げる必要があります。

　同時に、国や自治体は、さまざまな理由から自宅の再建ができない避難者の
ために、上記の災害公営住宅の建設をさらに進める必要があります。そして、
この災害公営住宅は、避難者が安心して暮らすことができるように、長期間住
み続けることができるようにする必要があり、また、家賃を支払う経済的余裕
のない避難者に対しては、無償で住むことができるようにする必要がありま

す。それができて初めて、上記の社会権規約11条1項が求めている相当の生活水準及び生活条件を保障することになるのです。

　また、高齢の避難者に対しては、安否の確認訪問、在宅介護、買い物や通院などの支援などを内容とした無償の公的支援制度を作り、これらを国や自治体の責任で行う必要があります。

　こうした、避難者の様々な生活を保障する公的な制度を確立することは、上記の社会権規約が求めていることであると同時に、健康で文化的な最低限度の生活を保障した日本国憲法25条1項が求めていることでもあります。ですから、国や自治体は、こうした避難者の生活をきちんと保障する制度を積極的に作っていく責任があるのです。

[吉田悌一郎]

Q15　原発事故からの避難

東日本大震災以降、今なお多くの被災者が十分な支援を受けられないまま自主的に避難を続けています。自主避難者の生活は「自己責任」でまかなわなければならないのでしょうか？

A15　自主避難者も含め、すべての被災者には「生命に対する権利」、「身体及び精神の健康を享受する権利」、「居住の権利」などが保障されなければなりません。

十分とは言えない自主避難者への支援

　東日本大震災、そして東京電力福島第一原子力発電所事故（以下「本原発事故」といいます）から約13年になりますが、全国の避難者等は2012年5月には、約16万人の方（うち県外約6万人、県内約10万人）が県内外へ避難し、現在でも25,959人（うち県外避難者20,046人、県内避難者5,908人、避難先不明者5人）となっています（2024年5月1日時点）。避難者には、放射線被ばくを恐れて避難指示区域以外から自主的に避難している方（以下「自主避難者」といいます）も含まれ、やむを得ず母子のみで避難している方もいます。避難生活が長期化するなか、住居や仕事の確保、生活の不安・孤立、家族との別居等の悩みを抱えている自主避難者も少なくありません。

　こうした自主避難者の権利を擁護し、被災者が故郷での生活・故郷からの自主避難、いずれを選んだ場合であっても、国が責任をもって被災者の生活を支援し、被災者の「避難する権利」を保障すべく、2012年6月に「東京電力原子力事故により被災した子どもをはじめとする住民等の生活を守り支えるための被災者の生活支援等に関する施策の推進に関する法律」（以下「原発事故子ども・被

84

災者支援法」といいます)が成立しました。同法は、災害の状況等に対する正確
な情報の提供、支援対象地域での居住、他地域への移動・帰還を被災者自身の
意思で行えるよう、いずれを選択したとしても適切に支援すること、健康上の
不安解消への努力、子ども・妊婦に対する特別の配慮などを基本理念としてお
り、その具体的な施策は国の定める「基本方針」によるものとされています。し
かし、2013年10月に決定された「基本方針」によれば、同法による支援の対象と
なる「支援対象地域」は福島県の一部に限定されています。また、被災者生活支
援等施策の中身も、そのほとんどが既存の政策をまとめて掲げたものにとど
まっています。住居の確保に対するサポートについても、災害救助法に基づく
借上げ仮設住宅の「供与期間を、全県一律で平成29年3月末まで延長」したもの
の、「平成29年4月以降の供与期間については、被災時にお住まいだった市町
村(または区域)によって、取り扱いが異な」るとして、「避難指示区域(平成27年
6月15日時点)から避難されている方」以外は供与を終了する扱いとしています。
また、被災求職者等への支援も一部地域にとどまり、その内容も決して十分な
ものとは言えません。

守られるべき、自主避難者を含むすべての被災者の人権

そもそも、自主避難者を含め、すべての被災者は、憲法、国内法、及び日本
が批准した国際人権条約(社会権規約、子どもの権利条約等)による人権が保障さ
れており、その保障には、生命に対する権利、居住、食料、安全な水、衛生、
健康等の社会的、経済的権利等が含まれています。具体的には、国は、自主避
難者を含め、国内で生活するすべての市民に対し、生命に対する権利及び「す
べての者が到達可能な最高水準の身体及び精神の健康を享受する権利」(社会権
規約12条)、さらに居住の権利等を確保する責務があります。

また、自然災害や人災により常居所から離れることを余儀なくされた人々
は、国連人権委員会が採択した「国内強制移動に関する指導原則」(以下「指導原
則」といいます)に基づき、国際法上、「国内避難民」として保護されています。
本原発事故による広範な放射性物質による被ばくから逃れるべく、自らの住居

地から離れることを強いられている自主避難者は、「国内避難民」に該当すると
いえます。指導原則には国際人権条約のような法的拘束力はありませんが、国
際人権条約の規範を反映した、重要な国際的枠組みとして国際社会から認識さ
れています。指導原則は、「国内避難民に対して人道的援助を与える第一義的
な義務及び責任は、国家当局に帰属する」として、国が国内避難民の保護と支
援の責任を負うことを定めるとともに、国は、国内避難民が適切な生活水準に
基づく生活を送れるよう確保する責務を有することを規定しています。

国連特別報告者の勧告

　さらに、2013年5月、国連人権理事会から選任された、「健康に対する権利」
に関する特別報告者であるアナンド・グローバー氏より、国連人権理事会に対
し、本原発事故後の「健康に対する権利」の状況に関する調査報告書が提出され
ました。同調査報告書では、日本政府の対応を「健康に対する権利」の観点から
包括的に検証するとともに、日本政府の被災者支援に関する政策の改善に向け
た勧告がなされています(以下「グローバー勧告」といいます)。グローバー勧告
は、低線量被ばくの影響が否定できない以上、日本政府は妊婦や子どもなど、
最も弱い立場にある人々の立場に立脚すべきだとし、「避難区域、及び放射線
の被ばく量の限度に関する国家の計画を、最新の科学的な証拠に基づき、リス
ク対経済効果の立場ではなく、人権を基礎において策定し、年間被ばく線量を
1mSv以下に低減する」よう求めるとともに、移住、住居の確保、雇用、教育、
その他の必要な支援を、年間1mSv以上の地域に居住し、そこから避難、ある
いはそこに帰還したすべての人に提供するよう勧告しています。また、グロー
バー勧告は、原発事故・子ども被災者支援法に基づく支援対象地域の設定につ
いては、「年間放射線量1mSvを超える地域を含むべきである」としています。
前述のとおり、日本は「健康に対する権利」を保障した社会権規約及び子どもの
権利条約の締約国であり、条約を誠実に遵守すべき義務(憲法98条2項)を負っ
ていることから、グローバー勧告の内容を誠実に実現していく責務がありま
す。

実質的な「避難する権利」の保障に向けた「基本方針」の見直しを

前述のとおり、現在のところ、「基本方針」の内容は被災者の「避難する権利」を十分に保障するものとは言えません。

国際人権条約、指導原則、グローバー勧告等の趣旨を「基本方針」に明確に反映させ、原発事故子ども・被災者支援法の理念である、被災者の「避難する権利」を実質的に保障する必要があります。

具体的には、グローバー勧告で指摘されているとおり、原発事故子ども・被災者支援法に基づく「支援対象地域」について、福島県の一部に限定せず、年間放射線量 1 mSv を超える地域も含むこととすべきです。また、住居の確保に対するサポートについても、借上げ仮設住宅の供与期間を限定しつつ不安定な延長を繰り返すのではなく、安全で自発的な帰還が可能となるまで、長期にわたって借上げ仮設住宅・公営住宅を供与することが求められます。さらに、被災求職者等への支援についても、国は、「国内避難民」である自主避難者が適切な生活水準に基づく生活を送れるよう確保する責務を負っていることに鑑み、より広範かつ充実した制度を整える必要があります。

```
【参考文献】
・eシフト(脱原発・新しいエネルギー政策を実現する会)編『「原発事故子ども・被
  災者支援法」と「避難の権利」』(合同出版、2014年)。
```

[長瀬佑志／長瀬威志]

原発事故からの避難

Q15

【コラム】気候変動

　気候変動は、すでに世界中で多くの人々が影響を受けている、私たち誰にでも関わる問題です。日本国内でも、「異常気象」と呼ばれ、とても暑い日が続くことによって熱中症で倒れる人が増えたり、大雨の被害でたくさんの人が家を失うということが毎年のように起きています。さらに、温暖化が進み、たとえば、これまでのように魚が獲れなくなることで、漁業者の生活に影響が出るなど、身近な問題であると言えます。

　世界では、1994年に発効した国連気候変動枠組条約（UNFCCC）、そして2015年12月にCOP21（同条約第21回締約国会議）で採択されたパリ協定などに基づき、政府や企業が温暖化を食い止めるために様々な取り組みを行っています。パリ協定では、産業革命前に比べ、世界の平均気温の上昇を2℃以下、できる限り1.5℃に抑えることが目標とされました。しかし、2021年8月には、それでも気候変動は拡大し、加速し、深刻化していると専門家による報告書が指摘しました。そして、2023年3月には、2035年までに世界全体で温室効果ガスの60％削減が必要であることが示されました。

　気候変動は、人々の大切な権利を脅かします。たとえば、2019年にアフリカ大陸のマラウイやモザンビーク、ジンバブエを襲ったサイクロンによって1,000人以上が亡くなり、2022年のヨーロッパの熱波では6万人以上が亡くなりました。世界保健機関（WHO）によれば、2030年から2050年の間に、気候変動が理由で25万人が亡くなる可能性があります。

　気候変動によって、怪我や病気だけではなく、食糧不足による栄養失調や、伝染病などのリスクも増加します。国連によれば、2019年時点で、気候変動が原因の一つとなって、8億2千万人以上もの人々が、十分な食糧を得ることができておらず、さらにその数は増える傾向にあります。干ばつや海面水位の上昇は、人々の住むところを奪います。そして、このような状況によって、教育の機会を失うこともあり、ユニセフ（国連児童基金）は深刻な子どもの権利の問

題と指摘します。

　このように考えると、気候変動は地球上のすべての人々の生活に影響を及ぼしていますが、一方で、すべての人に同じように影響が生じているわけではないことが分かります。社会的、経済的に弱い立場に置かれやすい人たちに、気候変動の影響は特に深刻です。生活するために必要な多くの基本的な人権に関係しており、気候変動への取り組みは待ったなしです。

　それでは、気候変動は誰が取り組む課題なのでしょうか。まずは、人々の権利を保障する義務を負う、国がしっかりと取り組むことが必要です。しかし、温室効果ガスの大半は企業などの事業活動によるものなので、企業にも取り組む責任があります。さらに、企業による事業活動は、結局のところ、私たち一人ひとりの日々の行動が影響していることから、それぞれが自分にできることを、小さなことからでも始めることが大切です。地球と共生しなければ、私たちの人権も保障されません。これまでのように、環境や生物多様性を破壊しながら人間だけが「発展」するという未来はもうあり得ません。

　気候変動問題に対してそれぞれが行動することが、世界中の人々の人権を守ることにつながるのです。

[佐藤暁子]

第 ③ 章

一緒に
生きるためには?

Q16　婚姻の多様性

私には同性の彼女がいます。二人とも身体を動かすことが大好きで、仕事で悩んだ時も励ましあう仲です。彼女と結婚することはできるでしょうか？　子どもを持つことはできるでしょうか？

A16　現在の日本の法律では同性の結婚は認められていませんが、台湾など30以上の国や地域では認められています。日本でも認められるよう、多くの仲間が声をあげています。

婚姻をする自由

　私たちは人生の途上でさまざまな人と出会い、さまざまな関係を結びます。家族として人生をともにしたいと考えたとき、選択肢として結婚があります（法律上は「婚姻」と言います）。

　婚姻をすると二人の関係は戸籍に記載され、必要なときに証明を得ることができ、社会生活上二人の関係を周囲に伝えることも容易になります。婚姻した者は互いに協力し助けあって生活する義務を負い（民法752条）、一方的に関係を解消することはできません。他方、相続の権利（民法890条）や税金・社会保険負担の優遇等さまざまな利益があり、義務と権利の両面から二人の結びつきが強められ、本人たちの心理的安定につながり、労働、次世代養育、地域活動、価値創造、趣味等さまざまな役割の基盤となるのです。

　最高裁判所も、憲法24条1項は「婚姻をするかどうか、いつ誰と婚姻をするか」が当事者間の自由かつ対等な意思決定に委ねられるべきことを定めており、この「婚姻をするについての自由」は「十分尊重に値する」と述べます（2015〔平成27〕年12月16日再婚禁止期間違憲訴訟大法廷判決）。

日本では実現していない「同性婚」

　ところが、日本では、法律的に同性どうしのカップルは婚姻ができません。信頼しあい、何年もいっしょに暮らしていても婚姻届が受理されないのです。

　結果は深刻です。2019年以来、札幌、東京、名古屋、大阪、福岡の各裁判所で「法律上同性どうしで婚姻できないのは憲法に違反する」という裁判がたたかわれていますが、原告らは、遺言がないと財産をひきつげない、税金等で不利益に扱われるといった不安や問題をかかえています。互いの子どもをいっしょに育ててきた女性カップルは、婚姻できないためパートナーの子どもとは共同親権（民法818条）とならず、学校や病院等で、家族関係の説明一つひとつに苦労し、子どもたちも自分の家族を先生や友達にどう話すのか悩んだそうです。東京訴訟のある男性原告は、仕事帰りに倒れ病院に搬送されました。いっしょにいたパートナーは、病院で書類に自分を「パートナー」と書いたのに、医師は「血縁者でないと病状をお話できません」と言い、本人の妹さんが病状の説明を受ける間一人で待つしかありませんでした。1カ月後この原告は亡くなられましたが、パートナーは遺体安置所の受付名簿にも「知人」と書きました。職員の中に万が一にも偏見を持った人がいて最期のお別れが妨げられては困ると思ったそうです。別の原告も、パートナーのお母さんが亡くなったとき、職場では独身ということになっているので忌引きが使えず、また、お通夜等を手伝ったところ「あの人は誰？」と言われて深く傷ついたそうです。異性の夫婦とかわりない生活をしているのに、法的に家族でないために日々尊厳を傷付けられているのです。

人間の性は多様

　本来、人間の性は多様で、性愛の気持ちが異性に向く場合もあれば同性に向く場合もあります。どちらも人間の性の自然なあり方の一つです。また、性別に関して、アイデンティティが出生時に決められ性別と一致する場合（シスジェンダー）もあれば一致しない場合（トランスジェンダー）もあります。その結

果、結婚する相手の性別は、法律上異性であることもあれば同性であることも
あって当然なのです。

　日本で最初に民法が作られた明治時代は、人間の性についての研究が進んで
いませんでした。20世紀初めには、同性愛を精神疾患とする考えがヨーロッパ
を中心に盛んになり、日本にも輸入され、そこから、同性どうしの関係を「異
常」「変態」とする意識が社会全体に広がりました。そのために戦後憲法制定に
ともない民法が改正された際も、同性どうしの関係の保護は議題にすらのぼら
なかったのです。他方、20世紀半ば以降の実証的な研究により、同性愛を精神
疾患とする見解には根拠がないことが明らかとなり、1970年代にはそれが専門
家の共通認識になりました。それなのに日本の法律はそのままだったのです。

　上記の裁判で、原告たちは、現在の民法等は、①婚姻の自由（憲法24条１項ま
たは13条）、②憲法24条２項が求める「個人の尊厳」、③平等原則（憲法14条）に反
し憲法違反であると主張しています。国は、同性間の婚姻を認めるかどうかは
「我が国の家族の在り方の根幹に関わる」「極めて慎重な検討を要する」との国会
答弁を裁判でも繰り返し、婚姻は男女の生殖と養育を特に保護するための制度
であるとか、憲法24条１項が「両性」という言葉を使っているから同性間で婚姻
できないことは憲法自身が予定し許容している、などと主張しました。2021（令
和３）年３月17日、札幌地方裁判所は、現在の民法等は憲法14条に違反すると
いう画期的な判決を下し、これを皮切りに、2024年３月までに札幌を含め６つ
の地方裁判所判決が下され、うち５つが、現行法を「違憲」ないし「違憲状態」と
するものでした。2022年11月30日の東京１次訴訟判決は、「現行法上、同性愛
者についてパートナーと家族になるための法制度が存在しないことは、同性愛
者の人格的生存に対する重大な脅威、障害であ（る）」という強い表現で問題を
指摘し、現行法は憲法24条２項に違反する状態にあると述べています。トラン
スジェンダーの原告がいる東京２次訴訟でも同様の判断が示され（2024年３月14
日）、同じ日の札幌高等裁判所判決は、「（憲法24条）１項は、人と人の間の婚姻
の自由を定めたものであって、同性間の婚姻についても異性間の婚姻と同程度
に保障する趣旨である」と踏み込みました。原告たちが起こした全国的裁判は、

序盤戦で裁判所を大きく動かし、いよいよ最高裁判所の判断が下される段階に移りつつあります。

国際人権法の現状は

日本の法律は、国際人権法からみて許されるでしょうか。

1 性的指向・性自認による差別の禁止

自由権規約と社会規約には、締約国に対して両規約上の権利を差別なく尊重し確保することや差別禁止を定める規定があります（両規約2条、自由権規約26条）。そして、これらの条文の「性(sex)」という言葉には性的指向が含まれると解されています。2011年と2014年には、国連人権理事会で性的指向と性自認による差別に反対する決議が採択され（日本政府も賛成）さまざまな取り組みが行われています。また、社会権規約10条は「家族(family)」に対する「できる限り広範な保護及び援助」を定めていますが、「家族」は同性間パートナー関係も含むとの解釈が確立しています。自由権規約委員会は2008年と2014年に、社会権規約委員会は2013年に、日本政府に対し、両規約上の権利に関し男女事実婚と同様の保護を同性カップルに及ぼすよう勧告し2022年には、自由権規約委員会は日本に対し、法律上同性のカップルに法律婚へのアクセスを認めるための措置を講ずるよう明示的に勧告するに至りました。

2 「婚姻の自由」の保護

社会権規約10条は「婚姻は、両当事者の自由な合意に基づいて成立する」と定めています。ここでいう「婚姻」は異性間のものにとどまると解釈されてきました。

しかし、日本社会の側から考えると、国は、国際人権条約と日本国憲法の双方に拘束されています。すなわち、憲法とは、人が尊厳ある存在としてあるために不可欠のことがらを定めたものであり、婚姻の自由も「個人の尊厳」実現に必須だから保障されるのです。他方、性的指向や性自認によって人の尊厳に違いはないというのが国際人権法上の共通認識です。日本で2023年に成立した「LGBT理解増進法」も、「全ての国民が、その性的指向又はジェンダーアイデ

ンティティにかかわらず、等しく基本的人権を享有するかけがえのない個人として尊重される」、「性的指向及びジェンダーアイデンティティを理由とする不当な差別はあってはならない」ことを明示しています。ならば、婚姻の自由の重要性は性的指向・性自認によって区別されるいわれはなく、憲法24条の「婚姻の自由」で異性か同性かを問うことは許されません。国際人権法は、その内実が日本の憲法の解釈に組み込まれることで日本政府を拘束するのです。

多くの国・地域で相手の性別を問うことなく婚姻できる

　世界では、今や30以上の国と地域で相手の性別を問うことなく婚姻できます。アジアでも、台湾でいち早く婚姻の平等が実現しネパールが続き、タイでも法制化が実現し、2025年1月から実施されることになっています。私たちは、日本でも5年以内に実現することを目標に裁判を始めました。さまざまなハードルはあってもそれは実現可能な目標です。未来を私たち自身で切り開くためにたくさんの仲間が一歩を踏み出しています。いっしょに歩き始めましょう。

【参考文献】
・中川重徳「LGBTと裁判　府中青年の家事件を振り返る」谷口洋幸編著『LGBTをめぐる法と社会』(日本加除出版、2019年)
・風間孝＝河口和也『同性愛と異性愛』(岩波書店、2010年)
・小野春『母ふたりで"かぞく"はじめました。』(講談社、2020年)
・ゆざきさかおみ『作りたい女と食べたい女』1〜5巻(KADOKAWA、2021〜2024年)
・マシュー・ウォーチャス監督映画『パレードへようこそ』(現代PRIDE、2014年、イギリス)
・裁判の経過、原告たちのプロフィール、双方の主張や専門家の意見書等詳細は「call4　結婚の自由」または「マリフォー」で検索

[中川重徳]

Q17　職場での性差別

女性の賃金は男性の7割台、子どもを持つ女性労働者の賃金は男性の4割、働く女性の半分以上は非正規労働者で、出産を機に退職する女性は5割弱。女性差別が解消されないのはなぜなのでしょうか？

A17　男女雇用機会均等法はできたものの、コース別人事などが「法の抜け穴」となっている実態があります。
　　国際人権基準の考え方を国内法に実質的に取り入れるなどしていく必要があります。

女性差別はなぜ解消されないの？

　日本の男女賃金格差は国際的にも大きく、格差は遅々としか解消していないのが実情です。

　男女の正社員で比較した場合、女性の賃金はようやく男性の77.6％（2021年）に達したところです。OECD諸国の平均値は88.4％です。女性管理職の割合も日本は13.2％。米国41.1％、スウェーデン40.2％、ドイツ29.4％、フィリピン50.5％などと比べ、低い水準にとどまっています（2021年）。さらに憂慮すべきは、働く女性の半分以上が非正規労働者であることです。非正規労働者の賃金は正規労働者の6割強程度と言われています。

　男女賃金格差が生じる理由のひとつに、女性の勤続年数が短いことがあります。出産を機に5割弱の女性が退職してしまうのです。子育てが一段落してからまた働きだす女性も多いですが、パートなどの非正規労働の仕事しか見つからないことが普通です。その結果、日本では、子どもを持つ女性労働者の賃金が、子どもを持つ男性の4割程度しかないという事態をもたらしています

(2012年)。この賃金格差は先進国で最も大きいものです。つまり、母親になることによるペナルティ（職業上の不利益）が極めて大きいのです。

　また、採用時点で総合職・一般職などのコースを設けている企業もあります。総合職は管理職候補、一般職はそれを補助する役割とされていることが通常で、一般職については女性のみ採用するというようなことが横行しています。このコース別人事が事実上、男性の職と女性の職とを振り分けることとなってしまい、女性が男性と同じスピードで昇進できない障壁となっています。2021年現在、コース別人事を施行する企業のうち約４割が総合職は男性のみを採用し、全体で総合職に女性が占める割合は約２割です。これでは、何年経っても女性管理職割合を引き上げられないわけです。

「コース別人事は法の抜け穴」という警鐘

　女性差別撤廃条約11条は、雇用における女性差別を撤廃するために、締約国に適切な措置を取るよう要請しています。同条約を批准する日本は男女に同一の雇用機会を保障し、同一の選考基準を適用し、また同一価値の労働については同一の報酬と同一の待遇を与えなければならないのです。

　コース別人事は男女雇用機会均等法の施行直後から始まった企業慣行です。それまでは男性職、女性職という区分があったのですが、それが均等法違反となるため、それに代わるものとして生み出されました。女性差別撤廃条約の実施を監督する女性差別撤廃委員会はコース別人事が事実上の法の抜け道になっていることに警鐘を鳴らしています。報酬の高い職種に男性が就き、報酬の低い職種に女性が就く傾向が強いとしたら、そうした男女職域分業は女性差別であり、条約に抵触していることになります。

　また同一価値の労働に同一の報酬を与えることを「同一価値労働同一賃金」と呼びますが、日本では確立していません。正規労働者と非正規労働者が同じ仕事をしていたとしても、賃金が異なるのが日本の賃金決定のあり方です。賃金は職務に応じて決まるのではなく、その労働者の将来的見通しを含んで決定されるため、無期限の雇用である正規労働者と有期・短時間労働の非正規労働者

では賃金の決まり方が異なるのです。

しかしながら、女性差別撤廃条約では、正規か非正規かといった雇用形態の違いで賃金に差をつけることは、間接差別の観点から禁止しています。性別を基準に差別はしていないとしても、事実上性別による差別が生じていたら、それは間接差別となるのです。

女性差別解消のための国内法はあるものの……

男女賃金格差を解消する国内法は男女雇用機会均等法です。これは日本が女性差別撤廃条約を批准するために立法に踏み切ったものです。1985年に成立した時点では罰則のない努力義務が多く含まれていましたが、1997年と2006年の改正を経て、採用・昇進における男女差別を禁止し、また間接差別の禁止の規定も置かれるようになりました。

ただし、先ほど触れたコース別人事は均等法では解決が難しいのです。均等法の遵守にあたっては厚生労働省が指針を策定し、より具体的な法解釈を提示するのですが、その指針によれば「雇用管理区分」(コース)が同じ労働者の間の男女差別は均等法違反ですが、区分が異なる労働者間の異なる取り扱いは均等法違反とされないからです。つまり、同じ総合職の男女の異なる取り扱いは均等法違反ですが、総合職と一般職で差別があってもそれは違反とはなりません。たしかに間接差別の禁止も2007年の改正によって均等法に盛り込まれました。しかしながら、何が間接差別に当たるかは厚生労働省が示す指針において例示されており、雇用現場ではそこに列挙された事案しか均等法違反にあたらないとされてしまっています。列挙された事案以外のケースで、労働者側が「これは間接差別だ」と訴えた場合、裁判所が違法と判断することはありえますが、そこに至るにはハードルが高いのが、現実です。

またパート労働法において、正規労働者とパート労働者の均等待遇の規定が置かれているものの、その要件が厳しく、パート労働者の数パーセントしか均等待遇を受けることができません。

つまり、女性差別の解消に資するような国内法はあるものの、実際に適用さ

れる際には何重もの別の規定が置かれ、適用外に置かれてしまう女性が多いというのが実情なのです。

国際人権基準の考え方を国内法にも

　女性差別撤廃委員会が2016年に日本に勧告していることのひとつに、女性に対する差別の包括的な定義を国内法に書き込むことがあります。女性差別撤廃条約1条では「女子に対する差別とは、性に基づく区別、排除又は制限である」との規定が置かれています。均等法にはこの規定がありません。女性差別をきちんと定義することは、差別撤廃には不可欠な立法措置のはずです。

　また、同一価値労働同一賃金の原則を日本に根付かせることも、男女賃金格差解消には有効でしょう。そもそも同じ職務であれば同じ賃金を払う原則が日本では確立していませんが、それに加えて、同一職務に同一の賃金を適用しようとすると、男女の職域分業があるために比較が難しいという問題もあります。例えばスーパーのレジ打ちは女性が、魚をおろすのは男性がもっぱら担当していて、この男女に賃金格差がある場合、それは女性差別に由来するのか、職務の違いに由来するのか、判断が難しいからです。職務の違いを乗り越え賃金格差の妥当性を判断する手法として職務評価というものがあります。この職務評価では、各々の職務が企業の中でどのような価値があるのかを一定の基準で評価していきます。適切な職務評価を用いれば職務の価値が明確になり、「同一価値労働同一賃金」を実践していくことが可能になります。

> 【参考文献】
> ・厚生労働省「令和3年度雇用均等基本調査」（2021年）。
> ・内閣府『男女共同参画白書（令和4年度版）』（2023年）。
> ・OECD, Closing the Gender Gap: Act Now (2012).

[三浦まり]

Q18　障がい者への差別

障がいをもった人って学校や職場で会うことが少なくて、どうやって接したらいいのかわかりません。障がい者に障がいのことは聞かない方がいいのでしょうか？

A18　これまで地域の学校からも分離されていた障がい者を、可能な限り地域の学校に受け入れることになりました。今後増える付き合いの中で、障がい者の中にもいろいろな人がいることや、同じ人でも、その人との距離感によって接し方が違うことがわかってくると思います。

地域の学校に行けなかった障がい者

　厚生労働省の調査によれば、日本には、身体障がい者[1]が約436万人、知的障がい者が109万4,000人、精神障がい者が614万8千人いるとされています。これを1,000人あたりで考えると、身体障害者が34人、知的障害者が9人、精神障害者は49人となります。国が障がい者として把握ができるのは、福祉的な支援を利用している人に限られ、実際にはもっと多くの人が、障がいをもっているといえる状況にあります。アメリカの連邦議会が1986年に行った調査では、当時のアメリカでは100人中17人に何らかの障がいがあったと報告されています。これは、そもそもアメリカと日本における障がいという概念の捉え方が影響していると考えられます。

　日本における障がい者は、戦後、医療が必要であることを前提に、社会が保

1　法令名等では「障害者」という表記を用いているが、「害」という字は「害悪」を想起させるとする意見もある。そのことから、本稿では法令名等のほかは「障がい者」との表記を使う。

護すべき福祉の対象として位置づけられてきました。そのために、医者が法律で定められた要件に該当すると診断した人が「障害者」とされ、「同情」「憐れみ」「やさしさ」の対象とされてきました。さらに、違う存在として差別や偏見にも長らく苦しんできました。

障害者として認定されると、普通の学校ではなく養護学校(現・特別支援学校)に通うことが法令で定められていたために、多くの人は、家から遠い障がい者のための特別の学校へ通い、学校を卒業しても働くことができず、家族と家で過ごすか、障がい者の施設に入って、社会とのつながりが限られた環境で生活せざるを得ませんでした。

今では考えられないかもしれませんが、昔は、全国的に、足が不自由で車椅子を使っていた学生のほとんどは、地域の学校に行くことができなかったのです。

社会が障がいをもっている人を前提に作られていないことが、問題の本質

障がい者の人権に関する国際的な市民運動は、1980年代にアメリカで始まりました。戦争で身体や精神に障がいを負った多くの傷病兵が「Nothing about us, without us!」(私たち抜きに私たちのことを決めるな)というスローガンを掲げて活動し、1990年には世界で初めて、障がい者差別禁止法(American Disabilities Act)を制定しました。そこでは、障がいとは、「病気」や「能力の欠如」「身体の欠損」という個人の属性をさすものではなく、そのような身体的・精神的疾患を持っていることが原因で、社会に参加する機会を制約・喪失されることだと理解されました。つまり、障がいとは、心身の疾患そのものを言うのではなく、社会が障がいをもっている人を前提に作られていないために、障がいをもっている人が社会の中で生活できないことによって生じる不都合・不利益だとされたのです。

例えば、足が不自由な人が地域の学校に通えないとき、「障がい」すなわち「学校に通うことができない不利益」の原因は、その学生の足が不自由だという

疾患にあるのではなく、車いすの人が通えないような学校の構造（例えば、段差が多くエレベーターがない）の側にあるとされたのです。このように考えたとき、障がいは、医療やリハビリなどによって専門家が「治療する」ものではなく、社会の側が障がい者を想定したものに変わっていくことで解消・緩和できるものになります。

障害者権利条約によって変わった日本の法

2006年に採択された障害者権利条約でも、障がいは、「機能障害を有する者とこれらの者に対する態度及び環境による障壁との間の相互作用であって、これらの者が他の者との平等を基礎として社会に完全かつ効果的に参加することを妨げるものによって生じる」とされ（前文(e)）、障がいは、障がいをもっている個人の心身の欠損（機能障がい）と障害者を想定していない社会との相互作用によって発生するものだという認識が確認されています。この条約では、障害者が人権の主体であること、つまり、障害の有無にかかわらず社会で生きていくために必要な全ての権利を保障すべきことが定められました。

日本では、障害者権利条約を批准するために、まずは日本国内の法律を整備しなければならないとされ、多くの障がい者に関する法律が改正・制定されました。2011年には障害者基本法が改正され、障がいのある児童・生徒も可能な限り障がいのない生徒と共に教育を受けられるよう、国や地方公共団体が配慮し、必要な施策を行わなければならないとされました。そして、障がい者は養護学校（特別支援学校）に通うことを義務付ける教育基本法施行令についても2013年9月にようやく改められ、どの学校に通うかは、保護者の意見を可能な限り尊重しなければならないとされました。

分離・排除ではなく、合理的配慮を

しかし、これまで障がいのある人が来ることを想定していなかった学校に、そのまま障がいのある児童・生徒が通っても、十分な学習の機会を受けることはできません。車いすを利用する子が、エレベーターのない学校に行っても、

学校内の移動に不自由を生じてしまいます。ここで重要になってくるのが、障害者基本法が定めた「合理的配慮」という考え方です。その後、2016年4月、障害者差別解消法が施行され、2024年4月の改正によって、すべての学校で合理的配慮を提供することが義務付けられました。

　それまでは、障がいのある子どもに対しては、特別な支援を行い、その子が社会で生きるために必要なスキルをより伸ばそうという教育が主として行われてきました。しかし、今の法律では、障がいのある子が地域で当たり前の生活をするために、むしろ社会の側に変化・工夫が必要であると考えられています。その変化・工夫が「合理的配慮」という言葉で呼ばれています。障害者差別解消法では、合理的配慮を行うことが社会の義務であり、差別を解消するために合理的配慮を行わないことは、すなわち障がいを持つ者を社会から排除する差別に当たるのだと規定されています。「配慮」と聞くと、「思いやり」のように気持ちの問題であるように聞こえるかもしれません。しかし、合理的配慮は障がい者の「人権」を実現するために必要不可欠な取組みです。

　学校は、読み書き計算を学ぶだけの場所ではなく、人とのかかわり・地域社会とのつながりを形成し、人が社会に出ていくための能力を養うことができる場所です。障がい者を排除した学校で、障がい者とどのように接していけばいいのかを学ぶことはできません。障がい者の側も、地域の他の子どもたちとは別の学校に行っていては、どうやって地域とかかわっていけばいいかを学ぶことができません。

地域の学校で学べるようにすべきだが

　障害者権利条約では、国が保障しなければならない教育とは「人間の潜在能力並びに尊厳および自己の価値についての意識を十分に発達させ、並びに人権、基本的自由及び人間の多様性の尊重を強化すること」「その人格、才能および想像力並びに精神的および身体的な能力をその可能な最大限度まで発達させること」としています（24条1項(a)(b)）。

　そのうえで、障がい者が地域社会に主体的に参加できるようにするために、

国は、障がい者が自分の生活する地域社会で、無償の教育を受けられるように
する義務を負っていると定めています（24条1項(c) 2項(a)(b)）。これは、日
本において言えば、国に、障がいをもった学生が地域の学校に通えるようにす
る義務を負わせたものと言えます。障害者基本法も国・地方公共団体が「可能
な限り障害者である児童及び生徒が障害者でない児童及び生徒と共に教育を受
けられるよう配慮」し「教育の内容及び方法の改善」などをしなければならない
と定めています。

　しかしながら、現状としては、特別支援学校で学んでいる生徒の数が、この
10年間で2倍に増えています。

　これは、障害者権利条約の求めている、障がいのあるなしにかかわらず地域
の学校に通えるようにしなければならない（インクルーシブ教育）という理念に
明らかに反しています。このような事態は、障がい者にとっても、地域社会に
とってもマイナスです。「障がい」は、すべての人にとって身近なものです。
1,000人当たり92人が障がい者という国の統計に沿って考えれば、30人規模の
クラスには、2～3人の障がい者が本来いるはずです。そして、そのクラスに
は、家族に障がいをもった人もいるでしょう。自分自身が将来、交通事故や病
気で障がい者になるかもしれません。

「個人」として接する

　「障がいのある人に対する接し方マニュアル」というものは存在しません。地
域や学校で、障がい者と接しているうちに、障がい者の中にもいろいろな人が
いることや、同じ人でも、その人との距離感によって接し方が違うことがわ
かってきます。それは、一般的な「個人」に対する接し方と変わりません。

　障がい者とかかわっていくために、その人の身体の欠損という意味での「障
がい」を知る必要は必ずしもありません。それはその人を構成する一部にすぎ
ません。医学的な障がい名を知らなくても、その人が何に困っているか、どん
な時に力を貸せばいいのかを知ることは可能ですし、何をしたらその人が嫌が
るのか、どんな時に一声かけたらスムーズにコミュニケーションできるのかを

Q18

障がい者への差別

知ることは、障がいのあるなしにかかわらず、それぞれ考えることができることです。ただ、「知らない」から、声をかけることをためらってしまうかもしれません。もしかしたら対話することで、自分の中の障害者に対する偏見に気がつくかもしれません。しかし、障がい者は「助けなければならない」対象ではありません。街の中で、手助けを必要としていそうな方がいたら、「手伝いが必要だったら言ってください」「手伝いましょうか？」とまず聞いてみてください。

[佐藤暁子]

Q19 HIV感染者への差別

HIVに感染したことを理由に、勤務先の上司から「うちではもう働けない」と言われ、事実上退職を余儀なくされました。国際人権法はこの問題についてどう定めていますか？

A19 国際人権法は、HIVに感染したことを理由に雇用において差異のある取扱いを行うことは差別であると定め、これを禁止します。

差別をなくすためのルールづくりとともに、HIV感染症を正しく理解するための啓発活動が重要です。

性行為以外の社会生活のなかでうつることはまずない

HIV（ヒト免疫不全ウイルス）及びエイズ（後天性免疫不全症候群）について、公益財団法人エイズ予防財団のホームページによると、「エイズは、HIVに感染することによっておこる病気ですが、HIV感染＝エイズということではありません」、「HIVは免疫のしくみの中心であるヘルパーTリンパ球（CD4細胞）という白血球などに感染します。そして、からだを病気から守っている免疫力を低下させていきます」「HIV感染後、自覚症状のない時期（無症候期）が数年続き、さらに進行すると、病気とたたかう抵抗力（免疫）が低下し、本来ならば自分の力で抑えることのできる病気（日和見感染症と呼ばれる）などを発症するようになってしまいます。このようにして、抵抗力が落ちることで発症する疾患のうち、代表的な23の指標となる疾患が決められており、これらを発症した時点でエイズ発症と診断されます」とあります。

そして、HIV感染症の治療については、「現在はさまざまな治療薬が出ており、きちんと服薬することでエイズ発症を予防することが可能になっていま

す」とあり、更に、HIVの感染力について、「これだけは知っておきたい！」と前置きの上、「HIVの感染力は弱く、性行為以外の社会生活のなかでうつることはまずありません」と述べております。

　上記を前提にすれば、HIV感染を理由に退職を迫ることは医学的に合理性のない扱いということになります。そして、合理的な理由なく他人と異なる扱いをすることを差別と言います。

　HIVに感染したことをきっかけに内定を取り消されたり、退職を迫られたということが実際にあります。差別をする側がHIVを正しく理解していない場合もあるでしょうが、HIVについて理解していながらも、「世の中のHIV感染者への理解はまだ十分ではないのではないか」「HIV感染者を雇っていると世間に知れたら、組織に対する世間からの評判が下がるのではないか」と先回りして考えてしまう場合もあるのかも知れません。

　では、国際人権法はHIV感染者の職場における差別の問題についてどのように定めているのでしょうか。

HIV感染者への差別を禁止する国際人権法

　社会権規約は6条1項にて労働の権利について定め、締結国は「この権利を保障するため適当な措置をとる」と定めます。そして、2条1項は、締結国は「立法措置その他のすべての適当な方法」を用い、規約上認められる権利の「完全な実現を漸進的に達成するため」「行動をとる」ものとしています。更に、同条2項にて規約上の権利について、締結国は「いかなる差別もなしに行使されることを保障する」ものとしています。

　そして、HIV感染者の職場における差別の問題については、社会権規約委員会が差別禁止条項の解釈に関する一般的意見第20号の中で、「例えば、HIVの状況が、教育、雇用、医療、旅行、社会保障、居住及び庇護に関して差異ある扱いの論拠として用いられる場合は、差別である」と述べています。

　他にも、1988年には、WHO（世界保健機関）とILO（国際労働機関）が共同で、HIV感染者を巡る職場のあり方について声明書を出しており、基本方針として

感染者に働き続ける権利があること等が確認され、また、2010年のILO勧告第200号では、基本方針の一つとして「HIVに係る状態を理由として」「労働者、特に、求職者及び就職志望者に対するいかなる差別又は不名誉な扱いもあってはならないこと」を定めています。

国際人権法をきっかけに国内でのルール作りが進む

　これらを受け、厚生労働省は1995（平成7）年に「職場におけるエイズ問題に関するガイドライン」を作成し、基本方針として、HIVに感染している労働者についても健康状態が良好である労働者については他の健康な労働者と同様に扱うこと、HIVに感染していることが労働安全衛生法上の病者の就業禁止に該当しないこと、HIVに感染していること自体は解雇の理由にならないこと等を確認しています。このガイドラインは当初、医療現場で働く労働者（看護師等）については適用の範囲外としていましたが、2010（平成22）年に改正され、医療現場で働く労働者についてもこの基本方針が該当することが確認されました。

　裁判所も、HIV感染を理由に解雇されたり退職を余儀なくされた労働者の使用者に対する損害賠償請求等を認めてきました。HIV感染を理由に勤務先の病院から退職勧奨を受けた看護師の損害賠償請求を認めた例もあります。

　国会も、「感染症の予防及び感染症の患者に対する医療に関する法律」を制定、改正しました。尚、この法律の前文には、「過去に」「後天性免疫不全症候群等の感染症の患者等に対するいわれのない差別や偏見が存在したという事実を重く受け止め、これを教訓として今後に生かすことが必要である」とあり、患者の人権に配慮した感染症対策の重要性を確認しています。

　このように、国際人権法をきっかけに日本国内でもHIV感染者の人権を守るためのルール作りが国会や行政でなされたり、これらルールに基づき裁判所で個別の救済がなされたりしています。

ルール作りだけでなく「人権の促進」が大事

　ところで、国連の人権に関する文書を見ると、人権の保護に加えて人権の促

進が併記されることがよくあります。

　HIV感染者の例で言えば、雇用における異なる扱いを差別であると定めこれを禁止するルールを定めること、差別を受けた者を裁判所で救済すること等が人権の保護にあたり、HIVに対する正しい理解を広め、HIV感染者に対する偏見や差別が起こらないようにするための教育活動、啓発活動が人権の促進にあたります。そして、差別の問題を解決する上では、人権の保護に加えてこの人権の促進が非常に重要になります。

　差別というのは非常に根深い問題です。HIV感染者への差別を根絶するには、個々がHIVを正しく理解することが重要ですが、それだけでは不十分で、最終的には「HIV感染者への偏見は世の中からなくなった」と個々が確信できるレベルまで理解を広げる必要があります。そうしないと前述したように「世の中の理解はまだ十分ではないのではないか」と先回りして考えてしまい、同じようなことが繰り返されてしまうからです。

　HIV感染症は世界的な問題であるため、国連の啓発活動は盛んです。1996年に、各国際機関のエイズ対策の総合調整と評価、広報活動を行う国連合同エイズ計画が発足し、現在では国連の10機関がこれに参加し世界中で活動を行っています。また、WHOは、世界レベルでのエイズのまん延防止と患者・感染者に対する差別・偏見の解消を目的に、毎年12月1日を、世界エイズデーと定めました。毎年その時期になると、世界各国でエイズに関する啓発活動が行われ、日本でも、厚生労働省が関係団体や自治体と協力、連携し、啓発活動、イベント等を行っています。レッドリボンのマークや、赤くライトアップされた都庁、東京タワー等をニュースで見た方も多いと思います。他にも国連やNGOによる啓発活動は世界中でなされています。

　地道な努力ではありますが、HIV感染者への差別を根絶する上で、このような活動を広く継続的に行うことが最も重要であり、このような活動の重要性は、いくら強調しても強調し過ぎることはないと思われます。

[西田哲]

Q20　難民

毎日のように世界の難民のニュースを目にしますが、日本は難民を受け入れないと聞きます。難民として認められなかった人が、送還後、戦乱に巻き込まれ拷問されるのではと心配です。保護された人の支援も十分でしょうか？

A20　日本に受け入れられず、さらに出身国に強制送還されることは、大きな危険を伴うおそれがあります。

日本で難民と認定された人たちも、受けられる公的支援といえば、短期間の日本語教育や職業あっせん程度で、多くが貧困で不自由な生活を余儀なくされています。

どのような人権侵害が起きているのか

コロナ禍直前の2019年、日本では10,375人が難民申請しましたが、難民と認定された人はわずか44名、難民とは認められないとされたものの人道的な理由で在留資格が与えられた人が37人でした。毎年数千から数万人が保護されている欧米各国との違いが鮮明です。

彼らの出身国の状況は困難を極めます。ウクライナやシリア、ミャンマーのように、国内が交戦ないし内戦状態にあり毎日のように死傷者が出ている国もあれば、中国やエチオピアのように、国内は表面上整然としているものの独裁政権に反対を唱えればたちまち逮捕拷問されてしまう国もあります。

このような状況から逃れてきた人を保護することを目的としてつくられたのが、難民条約と難民議定書です。これらを批准している日本は、難民を保護しなければなりません。しかし冒頭で述べたように、日本政府は難民をなかなか認定しません。本来なら難民として認められるべき人も、大勢が認められずに

いるものと考えられます。

　そのような人たちを難民と認めず、更に出身国に強制送還することは大きな危険を伴います。最近も2014年12月、日本からチャーター機で一斉送還された難民申請中のスリランカ人2名が、現地の空港で逮捕されるという出来事もありました。

　一方、日本で難民と認定された一握りの人たちも、受けられる公的支援といえば、短期間の日本語教育や職業あっせん程度です。異国の日本で、まだまだ貧困で不自由な生活を余儀なくされています。

拷問が行われるおそれがある国には送還してはならない

　拷問等禁止条約3条1項は、締約国は、いずれの者をも、その者に対する拷問が行われるおそれがあると信ずるに足りる実質的な根拠がある他の国へ追放し、送還し又は引き渡してはならない、と規定しています。これは、ノン・ルフールマン原則と呼ばれます。この原則によれば、たとえ難民として認められなかったとしても、その人を拷問の可能性のある国へ送還することは許されないことになります。

　国連の拷問禁止委員会に個人通報（人権諸条約において定められた権利の侵害の被害者と主張する個人等が、条約に基づき設置された委員会に通報し、委員会はこれを検討の上、見解又は勧告を各締約国等に通知する制度）された事件の約8割が、欧米諸国で難民不認定となった人の送還がノン・ルフールマン原則に反するとして争われているものです。スリランカのタミル人、ロシアのチェチェン人、エチオピア人らの難民事件が目につきます。

家族を引き裂く送還は許されない

　強制送還が家族の一部に対して行われるような場合には、私生活・名誉及び信用の尊重を定める自由権規約17条1項が問題となります。何人も、その私生活、家族、住居若しくは通信に対して恣意的に若しくは不法に干渉され又は名誉及び信用を不法に攻撃されないと定められています。

著名なケースが、自由権規約委員会に個人通報されたウィナタ対オーストラリア事件（2000年930号）でした。オーストラリア国籍を取得した息子を残し、元難民申請者でインドネシア出身の両親を送還することの当否が争われたもので、委員会は、長期間にわたり家族を形成し、またオーストラリアにも定着してきたことを理由に、現状における送還は、家族に対する恣意的な干渉にあたり許されないと結論付けました。

残念ながら日本では、家族を引き裂く強制送還など、日常茶飯事です。裁判を起こしても勝訴するのは全国で年間１〜２件に過ぎず、送還後は原則として最低５年間、日本への再入国が認められていません。

難民としてのサポートが不十分なことは非人道的取り扱いにあたる

たとえ難民等として庇護したとしても、その後のサポートが不十分であれば、拷問又は残虐な刑の禁止を定める自由権規約７条の第１文に抵触します。この条文では、何人も、拷問又は残虐な、非人道的な若しくは品位を傷つける取扱い若しくは刑罰を受けないと規定されています。そして、サポートが不十分であることは、非人道的な取扱いであると考えられるのです。

この件について著名な自由権規約委員会への個人通報事件R.A.A.及びZ.M.対デンマーク事件（2015年2608号）は、ブルガリアにおけるシリア難民夫婦のケースでした。２人は入国３カ月後に難民認定されたものの、難民申請者滞在施設からは退去を命じられ、民間アパートは高額で借りられず、ホームレスに陥りました。教育や医療のサービスも受けられず、やむなくデンマークに移動して改めて難民申請に及んだものです。同委員会は、デンマークが２人をブルガリアに送還することは、同条に反すると結論付けました。イタリアで保護されたものの極貧生活を強いられたソマリア女性ら３人も、同様の個人通報を行って認められています。

わが国では保護される難民の数が極めて少ないこともあり、保護された後の支援の在り方などほとんど議論にもなっていません。

Q20

難民

日本でも国際人権法に則った判断を

わが国の裁判所、弁護士会、行政機関いずれも、国際人権法をほとんど使用せず、事件の審理を行い、結論が出されています。まずこの点から改善を図らねばなりません。

そして難民申請事件においては、申請者が逃れてきた国の人権状況について情報を集めることが重要です。この点についても、国際人権法にもとづく仕組みが役立ちます。つまり、国連の拷問禁止委員会や自由権規約委員会は各加盟国の人権状況について数年に1度審査をした上で、総括所見を発表しています。これは各国の人権状況に関する貴重な情報です。

また各種個人通報事件における審理の経験から、難民申請者がかつての拷問被害を主張した場合には、その拷問態様と傷痕とが整合することについて外科医等に、拷問と心的外傷後ストレス障害(PTSD)の症状等との因果関係について精神科医等に、それぞれ鑑定意見を求めることが重要だと思われます。この点、たとえばデンマークは既に制度化し、難民申請者から拷問の主張がなされた場合には、その主張内容自体が明らかに不自然不合理であるか、拷問から既に長期間が経過して現時点での迫害のおそれとの因果関係が認められない場合を除き、必ず医学鑑定を実施しています。

家族を引き裂く強制送還に対しても、欧米では家族それぞれに心理鑑定を実施することが一般化しています。特に児童につき、アイデンティティや語学力、両親のみ帰国する場合の影響、両親ともにその出身国に帰国することの弊害等、臨床心理士らの協力を得て明らかにすることが必須です。

難民認定等のされた後の支援のあり方についても、前記のとおり、一部関係者を除きほとんど議論されてきていません。住居、就職、医療、日本語指導、子の教育等について、実情把握することから始める必要があります。

[大川秀史]

【コラム】 マスメディアにできること
——条約が報道の道しるべに

「難民って、日本にもいるんだ！」

この本を読んで、驚いた人もいるかもしれません。新聞社や放送局に記事・映像などを提供している通信社で記者として働いている私も、難民といえば、どこか遠い国のテントで暮らしている人たちのようなイメージを抱いていました。

2001年、アメリカで起きた同時テロ事件の後に、私は遅ればせながら、日本の難民を取材し始めました。アフガニスタンで政府から迫害され、助けを求めて来日したという少数民族の人たちに出会ったからです。日本をふくめ、難民条約に加入している国は、国内にいる難民を保護する義務があります。ところが、日本政府は、アフガンの少数民族をほとんど難民と認めません。それどころか、同時テロに関する情報を集めるために、こっそり船で日本に入ってきたとか、滞在を許された期間を過ぎても日本にとどまったとかの理由を付けて、ろうやに入れてしまいました（124頁に出てくる収容のことです）。

その中には、母国で政府につかまったことがある人もいました。日本で再びろうやに閉じ込められて、絶望のあまり自殺を図った人もいます。そんな彼らについて、私は多くの記事を書きました。

そのとき、道しるべになったのが、難民条約をはじめとする国際人権条約や、人権に関するさまざまな国際基準です。

難民は、母国の政府からパスポートを発行してもらえず、正規の手続きを取らないで外国へ渡るケースがめずらしくありません。たどり着いた国の政府が信用できるかどうか、見極めてから難民認定を申請しようとしているうちに、許可された滞在期間を過ぎてしまうこともあります。そこで、難民条約は、こうした非正規の入国や滞在を理由に、難民に罰を与えてはならない、と定めています。日本政府のように、難民をろうやに入れてはいけないのです。仮に日

本では合法だとしても、国際的な基準に照らせば、おかしい。

　そう考えて、つづった記事は、残念ながら、なかなか新聞に載りませんでした。アフガンの民族同士の関係や日本の難民認定制度など、問題の背景がわかりにくかったからでしょう。

　しかし、2002年に、難民をめぐる大事件が起こります。

世界に衝撃を与えた映像

　門にすがって、泣きさけぶ北朝鮮の女性。無理やり引き離す中国の警察官。それを、ただ見ているだけの日本の外交官──。北朝鮮から脱出した家族が、中国・瀋陽の日本領事館に逃げ込もうとして、中国当局に連行されたのです。難民に冷たい日本政府の姿勢を象徴する事件として、世界的な注目を集めました。

　この事件の衝撃が広がったのは、何と言っても、事件の一部始終を記録した映像があったからです。私の先輩の記者がビデオカメラで撮影したものでした。難民を助けようとしない日本外交官の姿をテレビのニュースで見て、私自身も大きなショックを受けました。

　国際的な批判が高まり、日本政府は、難民に関する法律や制度を改革せざるを得なくなります。難民と認めるかどうかを最終的に判断する前に、政府の係官だけでなく、学者などの第三者が事実関係を調べるよう、入管難民法が改正されました。報道の力を、あらためて実感した出来事でした。

　2021年、政府は新たな入管難民法改正案を国会に提出します。非正規滞在の外国人の強制送還を徹底する内容で、難民や人権団体は強く反発し、難民を支援する国連難民高等弁務官事務所も「重大な懸念」を表明しました。多くのメディアも法案を批判する記事を出します。このときも、迫害の恐れのある国に、難民を送り返してはならない、という難民条約の大原則が、報道の指針になりました。

　世論の強い反対を受けて、政府はいったん改正案を引っ込めましたが、結局、2023年に成立しました。それでも、外国にルーツのある大学生や、難民と

知り合った高校生らが反対運動を続け、メディアがそれを報じた結果、入管難民法の問題点は広く知られるようになったのです。

難民問題に限りません。日本に長く住んでいたフィリピン人の一家が不法滞在で摘発され、日本生まれの少女を残して、両親が母国へ強制送還されたことがあります。その際、マスメディアが参考にしたのは、家族が一緒に暮らすことを求める、子どもの権利条約でした。防衛や外交、テロ・スパイ対策についての政府の秘密を守るという特定秘密保護法が制定されたときも、メディアは、安全保障と情報公開をめぐって国際的に合意された原則に基づき、表現の自由や知る権利が損なわれる危険性を指摘しました。

「日本の法律では、こうなっています」と言われると、私たちは「じゃあ、しょうがない」と思いがちです。でも、入管難民法のように、法律そのものに問題があることも、実は少なくありません。そんな中で、進むべき方向を指し示してくれるのが、国際人権条約なのです。

あなたの声をメディアに伝えて

とはいえ、大部分の国際人権条約は、普通の人には、よく知られていません。その内容を紹介し、人権という視点から問題を提起して、法改正などの対策を促していくことは、マスメディアの大切な役割です。

自戒を込めて言えば、そうした報道は、まだまだ不十分です。記者は国際人権条約をしっかり勉強して、国際社会の知恵を国内の具体的な課題に生かす記事を書かなければなりません。

法律用語を別にすれば、国際人権条約の根本は、そんなに難しいことではないはずです。たとえば難民条約なら、先ほど触れたように、迫害の恐れがある国に、難民を送り帰してはならない、ということに尽きるでしょう。帰国させれば、命にかかわる事態になりかねません。難民をなかなか認定しようとしない日本政府は、この一番大事なことを忘れているように見えます。

こうした記事やニュースを目にして、良い報道だと思ったら、SNSでシェアするだけでなく、ぜひ新聞社や放送局にメールなどで「いいね！」と伝えてくだ

さい。反対に、報道が変だな、と感じた場合は、批判してもいいんです。読者・視聴者の意見は、みなさんが考えている以上に、マスメディアの現場に影響を与えます。あなたの声をメディアに伝えましょう。国際人権のような、どちらかと言えば地味だと思われがちなテーマでも、読者・視聴者から一定の支持があれば、記者やディレクターは取材を続けることができます。

　もちろん、マスメディアだけに任せておく必要はありません。インターネットのおかげで、だれでも情報を発信できる時代です。メディアの報道が足りなければ、あなた自身がツイッターやインスタグラムなどで、声を上げてみてはいかがでしょう。国際人権条約が強い味方になるはずです。細かい条文にとらわれず、条約が目指す理念を道しるべとして活用してください。それが、日本が抱えるいろいろな問題を解決していく、貴重な一歩になるでしょう。

　国連の特別報告者は2017年、表現の自由をめぐる日本の現状は、国際人権規約（自由権規約）に照らして問題がある、と指摘しました。テレビやラジオの番組が政治的に公平でなかった場合、総務大臣が放送局に電波を止めるよう命令できる、といった法律があるからです。政府が「この番組は不公平だ」と勝手に判断してもよいなら、放送局は政府を批判できなくなってしまいます。

　ただ、世界には、表現の自由が厳しく制限されている国が、たくさんあります。政府に批判的な記事を書くと、記者がろうやに入れられたり、殺されたりするところもあるのです。そうした国に比べれば、日本は恵まれています。マスメディアにいる私たち一人ひとりが、政府などに遠慮せずに、読者・視聴者が民主主義を実現するのに役立つ情報を、きちんと伝えていかなければならない、と思っています。

【参考文献】
・共同通信社取材班『わたしの居場所』（現代人文社、2021年）
・共同通信社取材班『ニッポンに生きる』（現代人文社、2011年）。

[原真]

Q21　技能実習生

技能実習生って何でしょうか？　外国人なら給料は低くても問題ないのでしょうか？

A21　外国人が日本の企業で技術や知識を学び、帰国後の経済発展に寄与するために設けられた制度との建前ですが、現実には労働者受入れのための制度です。しかも「奴隷」とも評される実態があります。外国人であっても、労働者としての人権は守られなければなりません。

増え続ける外国人技能実習生、跡を絶たない人権侵害

　技能実習とは、本来、「人材育成を通じた開発途上地域等への技能、技術又は知識の移転による国際協力」（外国人の技能実習の適正な実施及び技能実習生の保護に関する法律1条）を目的とする制度ですが、現実には、非熟練労働者の受入れ制度として機能しています。

　2023年末時点で40万4,556人の外国人技能実習生が日本で働いており、コロナ禍による入国制限で一時的に減少したものの、基本的には増加を続けています。建設業・製造業等のほか、私たちが購入する「メイドインジャパン」の洋服や国産の野菜等の製造・生産現場でも、多くの技能実習生が日本で働いています。

　他方で、技能実習生に対する人権侵害が後を絶ちません。具体的には、残業時給が最低賃金以下の400円程度であるとか、毎日のように深夜まで休日もなく長時間働かされている等の労働搾取や、危険な作業に従事させられて大けが・死亡する等の重大な労働災害が多発しています。また、本国の人材派遣会社（送出機関）に年収の数年分もの多額の手数料や保証金を徴収されたり、受入

れ先やその窓口となる「監理団体」にパスポートを取り上げられる等の人権侵害
も発生しています。さらに、女性の技能実習生に対するセクシュアル・ハラス
メントや妊娠を理由として強制的に本国に帰国させられる等の人権侵害も発生
しています。

実習生制度の構造が生む人権侵害

では、なぜ技能実習生に対する人権侵害が多発するのでしょうか?

技能実習生は、制度上、受入れ先(就業場所)が固定されており、労働者であ
るのに職場移転の自由がありません。また、前述の通り、技能実習生は、送出
機関に多額の手数料や保証金を徴収されており、途中で帰国させられてしまう
と手数料や保証金のために負った多額の借金の返済ができなくなってしまいま
す。このように職場移転の自由もなく、また送出機関に対して多額の手数料や
保証金を徴収された結果、多額の借金を負って来日しているという構造が、技
能実習生が雇用主から支配され、技能実習生もそれを我慢するという状況を引
き起こしており、結果、人権侵害の原因となっていると考えられます。

国際的に「奴隷」と批判される技能実習制度

このような技能実習制度の現状については、国際的にも様々な批判がなされ
てきました。

人、とくに女性と子どもの人身売買に関する国連特別報告者ジョイ・ヌゴ
ジ・ユゼイロ氏の報告(2010年5月12日)や、移住者の人権に関する国連特別報
告者ホルヘ・ブスタマンテ氏による報告(2011年3月21日)では、技能実習生の
置かれた状況について、「奴隷」「奴隷的状態」と指摘されていますし、アメリカ
国務省の人身取引報告書でも2007年以降、技能実習制度が人身取引に該当する
と指摘され続けています。

批判を受けて、日本も、2009年に入管法を改正し、技能実習制度について一
定の適正化策を採りました。しかし、その後も前述の通り技能実習生に対する
深刻な人権侵害は止んでおらず、以下のように国際人権条約違反が指摘され続

けています。

国際法に基づき示された様々な懸念

　まず、ILO（国際労働機関）の強制労働に関する条約（ILO第29号条約）に係る2012年の条約勧告適用専門家委員会見解は、以下の通り指摘しています。

　「委員会は、日本政府に対して、外国人技能実習生の保護を強化することを目的とした法令上および実行上講じられたさまざまな措置に関する情報を引き続き提供するよう要請する。特に、違反に対する適切な監督と監視を通じた管理制度を強化するため取られた制度に関する情報を提供されたい」。

　次に、自由権規約委員会は、2014年7月23日、日本の第6回定期報告に関する最終見解において、以下の通り勧告しています。

　「委員会は、外国人研修生及び技能実習生に対する労働法の保護を拡大した法改正にもかかわらず、いまだに技能実習制度において性的搾取、労働関連死亡事故、強制労働となり得る条件について多くの報告があることに、懸念をもって留意する。……締約国は、実地調査回数を増やし、独立した申立ての仕組みを設立し、労働搾取目的の人身取引事例やその他の労働法違反については実効的に捜査、訴追し、制裁措置をとるべきである」。

　また、人種差別撤廃委員会は、2014年8月28日、日本の第7回・第8回・第9回定期報告に関する最終見解において、以下の通り勧告しています。

　「委員会は、……外国人技能実習生の権利が、適切な賃金の未払いにより侵害され、また、これらの人々が過度の長時間労働及び他の搾取や虐待にさらされているとの報告についても懸念する。……委員会はまた、技能実習生の労働権を保護するため、締約国が技能実習制度を改善するための適切な措置をとることも勧告する」。

　さらに、女子差別撤廃委員会は、2016年3月7日、日本の女子差別撤廃条約実施状況第7回及び第8回報告に対する最終見解において、以下の通り勧告しています。

　「委員会は、……以下について懸念する。……

（b）技能実習制度によって締約国に来た女性や女児が強制労働や性的搾取を
受け続けていること」。

「委員会は、締約国に以下を勧告する。

（a）人身（特に技能実習制度により採用された女性や女児）取引と闘うために、
定期的な労働査察及びその他の取組を強化すること」。

人権侵害に対応できていない技能実習法

これらの国際的な批判も踏まえ、日本では、2016年11月18日に「外国人の技
能実習の適正な実施及び技能実習生の保護に関する法律」（技能実習法）が成立
し、2017年11月から施行されています。

しかし、技能実習法によっても、技能実習生に職場移転の自由がなく、また
送出機関が手数料や保証金を徴収することを実効的に禁止できないとの技能実
習制度の基本的な構造は変わりません。他方で、技能実習法は、技能実習制度
の拡充として、技能実習期間を従来の合計3年から最大5年まで延長し、さら
に、新制度の下で介護等への対象職種の拡大が検討されています。そうする
と、技能実習生に対する人権侵害はなくなるどころか、拡大する危険性すら存
するものです。

国際的にも、ILOの強制労働に関する条約に係る2018年の条約勧告適用専門
家委員会見解や、自由権規約委員会の日本の第7回定期報告に関する最終見解
（2022年10月28日）、人種差別撤廃委員会の日本の第10回・第11回定期報告に関
する最終見解（2018年8月28日）において、新法の施行後も政府の監督が不十分
であることに対する懸念が示されてきました。

技能実習制度は廃止し、真に外国人労働者の人権保障に適った新た な制度を構築すべき

このような状況を踏まえて、政府は、2022年11月22日、外国人材の受入れ・
共生に関する関係閣僚会議の下に「技能実習制度及び特定技能制度の在り方に
関する有識者会議」を設置し、同有識者会議は2023年11月30日に最終報告書を

取りまとめました。そして、2024年2月9日、前記関係閣僚会議は、「技能実習制度及び特定技能制度の在り方に関する有識者会議最終報告書を踏まえた政府の対応について」(以下「対応方針」)を閣議決定しました。そして、政府は、2024年3月15日、技能実習制度を「発展的に解消」し、新たに育成就労制度を導入するための入管法・技能実習法の改定法(以下「育成就労法」)案を閣議決定して国会に提出し、同法案が6月14日に成立しました。

　しかし、育成就労法は、本人の意向による転籍(職場移転)については、受入れ対象分野ごとに1年から2年までの範囲内で転籍が認められない「就労期間」を設定することができることとしています。しかし、新制度で予定されている3年の在留期間の中で最長2年間まで転籍が認められないのであれば、実際には転籍は困難です。そして、新制度においても、本国の送出機関が労働者から手数料を徴収することが許容されています。そうすると、新制度も技能実習制度の「看板の掛け替え」となってしまう懸念があります。

　人権保障の観点からは、技能実習制度は真の意味で廃止すべきであり、技能実習生に代わる外国人労働者を受け入れるのであれば、同制度の反省を踏まえ、①外国人労働者に職場移転の自由を認め、また、②送出国を含めた民間ブローカーの受入れへの関与を排除する制度を採用すべきです。さらに、現在の技能実習制度では禁止されている③家族帯同や、④一定の条件の下での定住化についても検討すべきでしょう。真に外国人労働者の人権保障に適った新制度を構築すべきです。

[髙井信也]

Q21

技能実習生

Q22　外国人の入管収容

日本で在留資格（外国人が日本に滞在するために必要とされる政府からの許可）を失った外国人は、その後どうなりますか？

A22　日本では、在留資格を失った外国籍の人々は、出入国在留管理局の施設に原則として、かつ無期限に収容される制度・運用となっています。しかし、在留資格を失ったとしても、そうした人々の「人道的かつ人間の固有の尊厳」や身体の自由等の基本的人権は尊重されなければならず、現在の日本の制度・運用は国際人権スタンダードから見て間違っています。

外国人が収容されるとき

　日本に中長期で暮らしている国籍が外国の人々、いわゆる外国人の人数は、341万人以上となっています（2023年末時点）。その中には、留学生、学校の先生や移住労働者、日本人と結婚している方、永住権を持っている方など様々な外国人がおられます。外国人が仕事や家庭生活のために日本に中長期滞在する場合には、日本政府から活動内容に応じた在留資格という許可を得なければなりません。

　しかし、中には、在留資格を持っていない、あるいは失ってしまった方もおられます。このような外国人は「非正規在留者」と言われることがありますが、実際には様々な理由で日本に来て、留まっています。例えば、自分の国が貧しいために日本に働きに来た方、戦争や拷問、迫害から逃げてきた方、在留資格が切れた後に延長の手続をしない（できない）で超過滞在（オーバーステイ）になった方、日本に家族がいるために日本に住み続ける必要がある方など事情は様々

です。出入国在留管理局の統計では、在留資格を持たない外国人は約6万7,000人いるとされています(2022年1月1日時点)。

在留資格を有しない外国人は「収容」の対象になります。「収容」とは、出入国在留管理局の施設の中に連れて行かれ、施設の中でのみ生活するということです。自由に外に出ることはできません。

日本には、このように「収容」されている方が以前は約1,000人近くいましたが、コロナ禍における仮放免者(一時的に収容が停止され、収容施設外での生活が認められた状態。就労はできず、健康保険もないので非常に不安定な地位である。1〜2カ月ごとに仮放免を更新する必要があり、いつ再収容されるかわからない恐怖にさらされている)が急増した結果、収容者数は激減していると言われています。しかし長期にわたって収容されている者も相変わらず少なくなく、茨城県の牛久や長崎県の大村に所在する入管収容施設で収容され続けています。

収容施設での生活

収容施設にいる人はどのような生活を送っているのでしょうか。

収容されている人は、基本的に自分たちの居室の中にいます。1日5時間ほど、部屋から出て、シャワーを浴びたり、共用スペースで卓球や運動をしたりできます。食事も決まったメニューのものが提供されます(アレルギーや宗教上の理由等によって複数のメニューがあります)。家族や友人との面会もできますが、アクリル板ごしに、時間も30分程度が通常です。自分でお金を払えば外部と電話や手紙でやりとりすることは可能ですが、インターネットは一切使えません。刑務所のような刑務作業(労働)はありませんが、様々な制約を受けながら生活を送っていることは事実です。

長期化する収容期間

このような「収容」生活はいつまで続くのでしょうか。日本の場合、一度、退去強制令書(日本から退去するよう求める政府からの命令文書)が発付されると、その人は、退去するときまで期間の制限なく、無期限に収容されます。その

「退去するとき」が1年後であれば1年間、2年後であれば2年間、収容され得ることになります。

　日本では、在留資格を有しない外国人について、各人ごとに収容の必要性や相当性（健康状態など収容の許容性）、比例性（収容が「最後の手段」として必要最低限になっているかどうか）を具体的に検討することなく、原則として、無期限に収容するという運用が取られています（例外的に仮放免や監理措置〔2024年から開始された監理人による監督の下で、収容施設外で生活が許される制度〕が認められて、収容を一時的に解かれることがあります）。一度収容することが決められてしまうと、その後は裁判所による収容の必要性等の定期的な審査もないまま、何年間も際限なく収容することができてしまう仕組みです。人の身体を制約するということが重大な人権侵害だということは当たり前ですが、日本では外国人の身体の自由があまりにもないがしろにされているのです。これは自由権規約9条の禁止する「恣意的拘禁（必要性・相当性・比例性を欠く身体拘束など。日本の場合、特に無期限の収容問題とされる）」に該当するとして、国連からも繰り返し問題を指摘されています。

繰り返される被収容者の死亡事件

　収容が長くなると、それだけ健康上のリスクが生じます。筆者（宮内）自身、収容が長期化するにつれ、手が震えたり、頭痛や動悸を訴えたりする方々を間近で見てきました。このように収容が健康状態に与える影響（「拘禁症状」などと呼ばれます）は大きいにもかかわらず、入管収容施設には常駐医師がおらず、週末になると医師がいない、外部の医療機関での診察もなかなか受けられないなどの問題が指摘されてきました。

　そのような中、繰り返し被収容者（収容されている外国人）の死亡事件が起き続けています。たとえば、2014年中に3名の被収容者が死亡しました。ある方は、一日30錠もの薬を服用するほど身体が弱っていた中、食事をのどにつまらせ、帰らぬ人となりました。別の方は、トイレで立ち上がれないほど重度の糖尿病を抱えていたにもかかわらず、外部の病院での診察を受けられず、死亡す

るに至りました。さらに別の方は、胸の痛みを訴えていたものの、医師に診てもらえず、亡くなりました。

その他にも2021年3月、名古屋の入管施設に収容されていたスリランカ女性が、職員に助けを求めていたにもかかわらず適切な医療を受けることのないまま亡くなってしまったという事件も起きました。

衝撃を受けた、イギリスの収容施設の状況

他の国では、被収容者はどのように扱われているのでしょうか。筆者(宮内)は、初めてイギリスの入管収容施設を訪れた際、衝撃を覚えました。

収容施設には、パソコンを備えたITルーム、音楽スタジオ、トレーニングジム、美術室、売店、美容室などが備えられていました。被収容者は携帯電話もインターネットも自由に利用でき、家族や友人と連絡を取り合うことができます。医療設備は24時間体制で備えられています(看護師は常駐し、医師は地域の医療機関と協力して24時間対応しています)。面会は、ラウンジのようなオープンスペースで、基本的には時間制限無しで行われています。しかも、国民健康保険を利用することができます。どれも日本には無いものばかりです。

日本の収容施設では被収容者にさまざまな制約を課しますが、それは、施設内の秩序の維持のためにはそのような制約が必要だと考えられているからです。この点について、イギリスの施設の所長は次のように言いました。「彼らに敬意をもって接すれば、彼らも敬意を持って接してくれるでしょう」、「彼らがあなたを傷つけようと思えば、たとえ鉛筆でも傷つけるでしょう。大事なのは、人を傷つけようという気持ちにさせないことであり、私たちはそこに注力しています」。

約600人もの被収容者を抱える欧州最大級の収容施設の所長です。当然、コストや秩序の維持も考えているはずです。その所長が「敬意」という言葉を繰り返し口にし、しかも、それを施設の中で実践している姿には感銘を受けました。もちろん、イギリスの制度も完全ではありません。しかし、そこでは、国全体として、高い理想へ向かって努力と発展をし続ける姿勢が見られたのは確

Q22

外国人の入管収容

かです。

「人道的かつ人間の固有の尊厳を尊重」することを求める 国際人権条約

被収容者への対応について、国際人権法は何と述べているでしょうか。自由権規約10条1項は、次のように述べています。

「自由を奪われたすべての者は、人道的にかつ人間の固有の尊厳を尊重して、取り扱われる」。

日本とイギリスの被収容者の状況について述べましたが、果たしてどちらが「人道的かつ人間の固有の尊厳を尊重して」扱っているでしょうか。

日本政府に対しては、これまでも様々な国際機関が懸念を表明してきました。例えば、2007年5月、国連拷問禁止委員会は、「多数の暴行の疑い、送還時の拘束具の違法使用、虐待、性的いやがらせ、適切な医療へのアクセス欠如といった上陸防止施設及び入管収容センターにおける処遇」に懸念を表明しました。また、2010年3月、移住者の人権に関する国連特別報告者のブスタマンテ氏は、日本の施設を視察した上で、「収容所で移住者に与える医療の水準を改善する緊急措置が適用されなければならない」と国連総会に提出した報告書の中で述べました。2020年9月には、国連恣意的拘禁作業部会に難民申請者2名に対する入管収容のケースが個人通報され、自由権規約の禁止する恣意的拘禁に該当するとの見解が出されています。さらに2022年11月には、国連自由権規約委員会より「収容が、必要最小限度の期間のみ、かつ行政機関による収容措置に対して存在する代替措置が十分に検討された場合にのみ、最後の手段として用いられるよう確保」する等の勧告も受けています。入管収容問題は日本の人権問題の中でもっとも国際人権基準との乖離がある分野の一つといえるでしょう。

確かに、世界中を見渡せば、日本よりも劣悪な収容状況の国は少なくありません。また、日本自体、長期化する不景気や少子高齢化の中、財政的余裕が無くなりつつあります。「そこまで非正規滞在の外国人にしないといけないの

か！」という声も聞こえてきます。しかしながら、だからこそ、私たちはどのような社会を目指すのか、国際人権規範といかにして向き合っていくのか、が問われているのかもしれません。人権保障はその社会で弱い立場にある人にこそ必要です。そう考えると、収容施設で在留資格を有しない弱い立場の外国人をどのように扱うかは、刑務所等と並んで、その社会における人権保障の水準を反映する鏡となるからです。

【参考文献】
・和田浩明＝毎日新聞入管難民問題取材班『彼女はなぜ、この国で――入管に奪われたいのちと尊厳』（大月書店、2022年）
・平野雄吾『ルポ入管――絶望の外国人収容施設』（ちくま新書、2020年）

[小川隆太郎]

Q22

外国人の入管収容

Q23　ヘイトスピーチ

インターネットをしていて、特に在日コリアンの人たちに対してひどいことを叫んでいる大勢の人たちの動画を見つけました。ヘイトスピーチという言葉を学校で聞いたことがあるのですが、具体的にどのようなことなのでしょうか?

A23　ヘイトスピーチは、人種、民族、言語、宗教、国籍、世系、性別などに基づいて、特定の集団に属する個人やその集団を差別し、敵意、憎悪、暴力行為を煽動 (せんどう) する差別的な言動や表現活動です。その対象範囲は広く、表現や行為形態も様々です。

「日本から出て行かないと、虐殺するぞ」

近年、在日コリアンをはじめとする民族的マイノリティに対する民族的敵意や差別、憎悪を表すデモやインターネットでの書き込みが相次いでいます。特にインターネットの普及にともなって、匿名の差別的書き込みが増加し、このようなデモ等の動画を見る機会も多くなっています。中には、中学生がこうした差別的な書き込みをしたり、保護者とともにデモに参加して、「日本から出て行かないと、虐殺するぞ」などと叫ぶケースさえあります。

裁判で条約違反と認められたヘイトスピーチ

例えば、京都朝鮮学校襲撃事件では、2009年12月に、ある団体の11名が京都朝鮮第一初級学校の校門に押しかけて差別的な言動を繰り返しました。校内には約150人の生徒がいましたが、多くの生徒たちが恐怖で泣き出し、授業の継続が妨げられました。その後も計2回にわたって数十人が同校周辺でデモ行進

を行い、差別的な言葉を学校に向けて叫び続けました。このような行為に対して、裁判所（京都地裁判決〔2013年10月7日〕、大阪高裁判決〔2014年7月8日〕、最高裁判決〔2014年12月9日〕）は、「あらゆる形態の人種差別の撤廃に関する国際条約」（以下、人種差別撤廃条約）で禁止する「人種差別」に該当すると認め、学校の半径200メートル以内での街宣活動の禁止と損害賠償の支払いを命じる判決を出しています。

人種差別撤廃条約に基づく日本への勧告

　ヘイトスピーチを規制する代表的な人権条約は、人種差別撤廃条約です。この条約の4条は、他の人種よりもある特定の人種の方が優れている、もしくは劣っている、または皮膚の色が違うなどの理由に基づいて、一方が他方を差別するように宣伝することや、人種間の憎悪を煽ったり、人種差別を正当化したり、助長することを根絶するために、迅速かつ積極的な措置をとることを、条約のメンバーである締約国に求めています。日本もこの条約の締約国ですので、この条約で規定された国家の義務に基づいて、ヘイトスピーチの禁止や防止などに関する措置をとらなければいけません。

　2014年8月と2018年8月には、人種差別撤廃委員会が日本の政府報告書を審査した結果、ヘイトスピーチに対する対処が不十分であるので、被害者を保護するための対策を取るように日本に求めました。憎悪及び人種差別の表明や、デモ及び集会における人種差別的な暴力、憎悪の扇動にしっかりと対処すること、インターネットを含むメディアにおけるヘイトスピーチに対処するために適切な措置をとること、またはヘイトスピーチに関わる行動に対して責任のある個人や団体を捜査し、必要な場合には起訴することなども求めました。

ヘイトスピーチ解消法の成立と地方自治体の動き

　日本をヘイトスピーチのない社会に変えていくには、人種差別撤廃委員会の「一般的勧告35」などに基づいて、人権侵害の被害者が参加して、包括的な人種差別禁止法や具体的なアクションプランを国が作成し、それらを実施すること

が必要となります。また、学校、企業及びメディアに対する啓発キャンペーンや、行政、司法、警察当局及び学校関係者を含むすべての公務員を対象とした人権教育などを実施することも重要です。国会や裁判所、行政機関、地方自治体などには、被害者の救済を含め、すべての適当な方法を用いて、対策をとることが求められます。

法整備という点では、2016年5月に、ヘイトスピーチを規制することを目的とした「本邦外出身者に対する不当な差別的言動の解消に向けた取組の推進に関する法律」(以下、ヘイトスピーチ解消法)が国会で成立しました。ヘイトスピーチ解消法は、相談体制の整備、教育、広報及び啓発活動等、ヘイトスピーチの解消に向けた諸施策に積極的に取り組むことを国や地方自治体に求めています。ただし、この法律は保護の対象や取り組むべき措置の範囲がとても狭いという問題がある点に注意が必要です。この法律の対象は「適法に居住するその出身者又はその子孫」に限定されています。ヘイトスピーチの禁止に関する規定や被害者の救済のための具体的な規定もありません。そのため、人種差別撤廃委員会は、上記で述べた2018年8月の審査で、すべての人が法律の保護対象となるべきであり、民族的マイノリティに対する十分な救済措置を行うことができるようにこの法律を抜本的に改正することを求めています。

地方自治体レベルでは、大阪府大阪市が全国で初めて、2016年1月に、ヘイトスピーチの規制を目的とする「大阪市ヘイトスピーチへの対処に関する条例」を制定しました。市民からの申出に基づいて、対象となった表現活動等がヘイトスピーチに該当するかどうかを、専門家で構成する「大阪市ヘイトスピーチ審査会」で審査し、ヘイトスピーチに該当すると判断された場合には、大阪市は掲示物などの撤去やインターネット上の映像の削除の要請を行ったり、そのような表現活動等を行った者の氏名や名称などの公表を行うことができます。また、神奈川県川崎市では、公共の場所でヘイトスピーチを繰り返した者に対して刑事罰を科す「川崎市差別のない人権尊重のまちづくり条例」が2019年12月に成立しました。この条例は、ヘイトスピーチに刑事罰を科した全国で初めての法令です。

どのような被害があるのか、まず知ること

　被害への対応を考えるにあたっては、外国人や民族的マイノリティに対する差別の実態に関する調査を国内レベルで行うことも必要です。ヘイトスピーチに関しては、具体的にどのような内容のデモや街頭宣伝が行われているのか、国や地方自治体がどのような対応や規制を行ったのかなどについて調査をしなければなりません。また、ヘイトスピーチ規制の必要性を市民に説明するためにも、被害者がヘイトスピーチによって受けた精神的苦痛や、ヘイトスピーチの蔓延によって当事者と当事者の集団が受けた社会生活上の被害等についての広範な聞き取り調査も不可欠です。

　この点について、ヒューマンライツ・ナウでは、HRN関西グループ内にヘイトスピーチ調査プロジェクトチームを設置してヒアリング調査を実施し、「在日コリアンに対するヘイトスピーチ被害実態調査報告書」を2014年11月に発表しています。この調査では、不特定多数に向けられたヘイトスピーチであっても自分に向けられているものと感じて強い恐怖を感じたことや、自分ではどうすることもできない属性を理由に存在自体を否定されることを言われることに不条理を感じ、自尊心が傷ついたとの意見が寄せられ、在日コリアンのみなさんの社会生活や行動に大きな影響を及ぼしている実態が明らかになりました。

　また、2016年3月には、法務省が公益財団法人人権教育啓発推進センターに委託して実施した「ヘイトスピーチに関する実態調査報告書」が公表されました。この調査は、国の人権擁護施策検討の基礎資料とすることを目的としたもので、ヘイトスピーチに関連するデモや街宣活動の発生状況、その際の発言内容、メディアにおける報道状況、地方自治体が実施した調査の概要などを検討した上で、ヘイトスピーチの現状や推移等に関する分析と評価が行われました。これらの動きは、2016年6月に施行されたヘイトスピーチ解消法の成立を促すなどの影響を与えました。

[徳永恵美香]

Q24　朝鮮学校への差別

2010年4月からいわゆる高校無償化法が施行され、高等学校などの学費の軽減が図られていますが、朝鮮学校をその対象から外してよいのですか？

A24　教育に差別があってはなりません。これは日本国憲法でも国際人権条約でも保障されていることです。

　朝鮮学校を無償化対象としないことへの懸念は、人権に関わるさまざまな国連機関からも表明されています。

高校無償化法からの除外

　2010年4月から「公立高等学校に係る授業料の不徴収及び高等学校等就学支援金の支給に関する法律」(いわゆる高校無償化法)が施行され、朝鮮学校も、文部科学大臣が示した客観的な基準に基づく審査により、無償化の対象とする指定を受ける予定でした。なお、朝鮮学校以外の各種学校である外国人学校(ブラジル学校、中華学校、韓国学校、インターナショナルスクールなど)は、既にその指定を受けています。

　しかし、2010年11月24日、当時の菅直人首相は、前日に朝鮮半島の延坪島で発生した砲撃事件(大延坪島近海で起きた朝鮮人民軍と大韓民国国軍による砲撃戦。これにより、朝鮮民主主義人民共和国と大韓民国間の緊張が一時期高まりました)を契機に、その審査の停止を指示しました。さらには、その後2011年12月に誕生した安倍政権のもと、文部科学大臣は、朝鮮学校を無償化の対象としない旨の処分を行いました。これにより、日本国内の10校に通う2000人近い朝鮮高級学校の生徒が就学支援金を受け取れない状況が現在まで続いています。

朝鮮高級学校での教育と憲法14条

朝鮮高級学校のカリキュラム等の教育課程は既に公表されており、日本国内のほぼすべての大学は、朝鮮高級学校の卒業生に「高等学校を卒業した者と同等以上の学力がある」としてその受験資格を認めて、高校卒業程度認定試験(旧大検)を免除しています。また、朝鮮高級学校は、財団法人全国高等学校体育連盟(高体連)等のスポーツ大会出場資格も認められており、日本社会において高等学校に準じるものとして広く認知・評価されています。

それにもかかわらず、政治及び外交の問題を理由に、朝鮮学校のみをインターナショナルスクール・中華学校等の外国人学校・民族学校と区別し、無償化の対象から除外することは、「高等学校等における教育にかかる経済的負担の軽減をはかり、もって教育の機会均等に寄与する」との高校無償化法の立法趣旨とも整合しませんし、憲法14条が定める平等原則に照らしても、不当な差別と言わざるをえません。

国際人権条約の観点から

社会権規約13条1項は、教育についてのすべての者の権利を認めています。また、同条2項は、その権利の完全な実現を達成するために、「種々の形態の中等教育(技術的及び職業的中等教育を含む。)は、すべての適当な方法により、特に、無償教育の漸進的な導入により、一般的に利用可能であり、かつ、すべての者に対して機会が与えられるものとすること」と明記しています。

そして、社会権規約2条2項は、同規約に規定する権利が人種や皮膚の色等いかなる差別もなしに行使されることを保障しています。そのため、中等教育を行う朝鮮高級学校に通う子どものみ就学支援金支給対象から除外する別異取扱いには正当化事由が必要ですが、そのような正当化事由が存在しないことは明らかです。

また、人種差別撤廃条約5条は、教育の権利に関して、「あらゆる形態の人種差別を禁止し及び撤廃すること並びに人種、皮膚の色又は民族的若しくは種

Q24

朝鮮学校への差別

族的出身による差別なしに、すべての者が法律の前に平等であるという権利を保障することを約束する」と規定しています。その他、自由権規約26条は、平等原則（あらゆる差別を禁止し及び人種、皮膚の色等のいかなる理由による差別に対しても平等のかつ効果的な保護をすべての者に保障しています）を定め、子どもの権利条約2条でも無差別の確保（あらゆる形態の差別又は処罰から保護されることを確保するためのすべての適当な措置）が求められています。

国連の人権諸機関からの勧告

国連の人権諸機関は、これらの人権諸条約に基づき、日本政府に対し、朝鮮学校を含むマイノリティの集団の教育に対する差別的な取り扱いについて繰り返し懸念を表明してきました。

2014年、人種差別撤廃委員会は、日本政府定期報告を審査した後の最終見解において、「在日朝鮮人の子どもの教育を受ける権利を妨げる法規定及び政府の行動について懸念する」とし、「締約国に対し、その立場を修正し、朝鮮高級学校に対して高等学校等就学支援金制度による利益が適切に享受されることを認め、地方自治体に朝鮮高級学校に対する補助金の提供あるいは維持を要請することを奨励する」と勧告しています。

また、国連人権理事会では、2017年11月14日、日本の人権状況の3回目の定期審査（UPR、普遍的・定期的審査）が行われ、一部の国より朝鮮学校の高校無償化適用を求める勧告がなされました。

国際人権基準との格差

日本は、1979年に国際人権規約を批准する際、中等教育（中学・高校）の無償化を掲げる社会権規約13条2項（b）を留保（当該条約の特定の規定に関して自国についての適用を排除・変更する目的をもって行われる一方的宣言）していましたが（日本以外ではマダガスカルのみ）、高校無償化の実現により、その留保を撤回しました。高校無償化が導入された背景には、こうした国際人権基準とのそもそもの格差が存在しました。

この点、学校など教育機関への公的支出が国内総生産(GDP)に占める割合を
まとめたOECD（経済協力開発機構）の統計(2020年)によると、日本は、データ
の比較が可能な37カ国中で下から2番目の3％でした。

　高校無償化を実現し、社会権規約13条2項(b)の留保を撤回した日本政府は、
人権諸条約の理念及び原則を理解し、人権諸機関からの勧告に従い、朝鮮学校
を高校無償化の対象に含める措置を直ちに実施すべきであるといえます。

各地での訴訟

　朝鮮高級学校の無償化除外の問題については、日本政府の不当な取扱の是正
を求め、全国各地で裁判が提起されています。

　大阪地方裁判所(西田隆裕裁判長)は、2017年7月28日、学校法人大阪朝鮮学
園が国の不指定処分(就学支援金支給対象校としての指定申請に対して、国は不指
定処分をしていました)の取消しなどを求めた訴訟で、原告側の主張を受入れ、
国に対してその処分の取消しを命じる判決を言渡しました。判決は、朝鮮高校
を無償化から除外することは、日韓間の外交的・政治的意見に基づくもので、
無償化を定めた支給法の趣旨を逸脱し、違法、無効であることを明言していま
す。

　しかしながら、大阪高等裁判所は、2018年9月27日、上記大阪地裁判決を変
更して学園側の請求を棄却する不当判決をし、その後の大阪朝鮮学園の上告も
棄却されました。全国4カ所(東京、名古屋、広島、福岡)で展開された同種訴訟
も、広島高等裁判所判決に対する卒業生側の上告を退けた2021年7月27日付け
最高裁決定により、残念ながら原告側敗訴の判決がすべて確定しました。日本
の司法までもが政治的な影響を受けたものと言わざるをえません。

民族的マイノリティの子どもたちの学習権

　人権諸条約の規定や関連する条約機関からの勧告によれば、民族的マイノリ
ティの子どもたちの「教育の権利」については、マジョリティに当然のごとく保
障される母語・承継語、自国や自民族の歴史や文化を学ぶ権利について、実質

的にも平等に保障されるための「特別の配慮」が必要といえます。日本政府は、特別の配慮を行うどころか、子どもたちへの不当な差別を継続していることを十分理解すべきです。

　偏見と差別は、無知と無理解から生じます。様々な民族の人々がそれぞれの違いを認識し、相互理解を深めるためにも、民族的マジョリティの子どもたちの教育の権利を尊重した垣根を越えた交流が必要と考えます。

　自らの属する民族の言葉によってその文化・歴史を守る権利が保障され、多民族・多文化が共生する社会の実現が求められる時代において、政治的及び外交的理由により、それらの権利が侵害されることがあってはなりません。

[中森俊久]

【コラム】学生・教師にできること
──「人権教育」に参加してみよう、学校で実施してみよう

　この本では、身近な人権問題を、国際人権法を用いて国や政府がどのように解決すべきか、ということを中心に考えています。では、私たち一人ひとりはどのように行動すべきなのでしょうか。

　例えば、あなたが学校に通う学生であれば、学校やNGO等が開催する「人権教育」に参加するという方法があります。この本の編者である国際人権NGOヒューマンライツ・ナウでも、11月には世界子どもの日（11月20日）に合わせた「子どもの権利」について学べるチャリティーウォークイベントを都内で開催するなどしています。また、国際人権法・国際人権活動の導入セミナーとして毎年「国際人権アカデミー」も都内で開催しています。

　もしあなたが教師であれば、自分が教える学校で「人権教育」を実施するという方法もあります。ヒューマンライツ・ナウでは、中高生向けの授業の講師派遣を行っています。

「人権教育」とは?

　「人権教育」とは、「教育・研修・宣伝・情報提供を通じて、知識や技能（スキル）を伝え、態度を育むことにより、人権文化を世界中に築くとりくみ」のことです。もっとわかりやすく言うと、人権は普遍的な価値である、ということを私たちみんなで理解し、その意識を高めるための教育のことです。

　人権教育が世界で強く認識されてきたのは、1995年から2004年までの10年間を「人権教育のための国連10年」とし、人権教育に取り組むことが決められたことや、この頃に国連でそのための計画がつくられたことなどが背景にあります。

　人権教育の目的は、私たち一人ひとりがもつ人権が脅かされるような状況を作り出さないことです。自分自身の人権が大切にされ、また、同じように他人

の人権も大切にするために、人権教育は行われるのです。そして、もしも誰かの人権が侵されているとしたら、それはいけないことだと、私たちが行動に示すことが正しいのだと理解するためになされるのです。

二度の世界大戦を経験した世界は、平和と人権が切り離すことのできないものであることを確認しました。国境を越えて人権を尊重することが世界平和につながっているということは国際的な常識となっています。

ですが、今日も依然として人権問題はなくなっていません。世界中で国籍や宗教、肌の色や性別の違いによる不当な差別を受けている人がたくさんいます。誰もが持っている、自分らしく生きる権利が侵されている状況が存在しているのです。

こうした状況をなくすために、人権教育が必要です。私たち一人ひとりがもつ自分らしさや個性を認め合い、自分と他人を大切にする生き方をすることが、人権問題を世界からなくすために必要なのです。

人権問題を自分と関わる問題として考える

では、人権教育を行うとは具体的にどのようなことなのでしょう。

以前の日本での人権教育といえば、部落差別問題に関連した「同和」教育が挙げられます。部落差別を受けた人々を、差別から解放するためにどう行動すべきなのかとか、部落差別の実態を理解するとか、そういったことを学んできました。このような「同和」教育の果たしてきた役割は大きいのですが、しかし本来、人権教育の対象は部落差別問題だけに限られるものではありません。人権問題として取り扱われるべきものはほかにもたくさんあります。いじめもその一つです。学校というコミュニティに限定していえば、不登校や学級崩壊だって人権問題となりうるでしょう。

人権教育を行う上で大切なのは、人権問題を身近なものとして考えることです。人権は私たち一人ひとりが持っているものです。自分と無関係なものではなく、生活の色々なところにあるものです。そのつながりをきちんと理解して、自分と関わる問題として考えることが大切です。たとえば、海外の工場で

人々が強制的に働かされて作られた服を、今、私たちは普段着ているかもしれません。

価値観の違いを経験し乗り越える

人権教育は参加型教育が適しているとされています。これは、国語や算数といった、先生の話を聞いて知識を得るタイプの授業ではなく、学生全員がゲームやアクティビティに参加して、活動するタイプの教育方法のことをいいます。例えば、特定の課題についてグループをつくり話し合いを行なったり、役割分担をし、演技をする、そしてそれぞれの人の気持ちを考えるといったロールプレイ型の授業などがあります。

この学習スタイルの源流にはユネスコ（国連教育科学文化機関）による国際理解教育や、第三世界（アジアやアフリカ、ラテンアメリカなど）での識字教育運動などが挙げられることがあります。先に述べた日本での「同和」教育や、色々な人種の人が共存するアメリカ合衆国などで行われている多文化教育なども、参加型学習のあり方の確立に関わっているといえます。

これらの授業で大切なのは、体験を通して、学生が自ら考え表現すること、また、他人の意見をきちんと聞くことです。他人と意見を交換することで、今まで思っていなかったことに気づいたり、共感したりすることができます。時には自分の意見が他人と違って戸惑うこともあるかもしれませんが、その価値観の違いを経験し乗り越えるということが、人権教育では大切なことなのです。授業に参加するすべての人が主役になるのが、人権教育という授業です。

人権教育の授業を行うのは、自分や他人を大切にする心を育むためです。授業に参加しているすべての人が尊重され、相互に理解し合うことを目的とする参加型授業こそ、人権教育にふさわしい方法だと思います。

人権を毎日の生活において実践する

人権教育は何を目指しているのでしょうか。それは、自分で考えること、経験すること、自分を大切にすること、そして、それと同じくらい他人を大切に

することではないでしょうか。人権教育に参加すると、自分をとりまく社会に存在する人権問題に向き合うことになります。問題の解決方法は一つとは限りません。最適な方法は何なのか、いつも誰かが教えてくれるわけではありません。人任せにするのではなく、自分で考えることが求められます。そうやって考えることが、ひいては人権問題が自分と関わりのある問題であるということに気づかせてくれます。

　そして、そうした問題について考えることで、私たちのもつ自分らしさや人権とは何かが見えてくるはずです。何を大切にするべきか、社会で自分らしく生きるとはどういうことなのか、そういったことを考えるようになるでしょう。同時に、自分と同じくらい他人の自分らしさや人権が何かが見えてくるのではないでしょうか。

　人権教育が私たちに教えてくれることはたくさんあります。人権教育は知識としての学びではなく、私たち一人ひとり、社会をつくる人間全員が学ぶべきものです。そして、人権は毎日の生活において実践すべきものです。すべての人の個性を認め合い、思いやることを実践することなのです。ぜひ、学校で学んだことを家や友達と話し合ってみてください。これも立派な人権教育の方法の一つといえるでしょう。

［ヒューマンライツ・ナウ事務局］

第 4 章

平和で自由な社会で
暮らすためには?

Q25　戦争への加担

世界各地での武力紛争がなくなりません。集団的自衛権や米軍基地の存在などで、日本も戦争に巻き込まれる危険があります。平和に生きることは権利として認められているのですか？

A25　日本国憲法前文には、「全世界の国民」が有する権利として「平和のうちに生存する権利」が掲げられています。実際の裁判でも、この権利が認められた実例があります。
　　　国際的には、法的拘束力のある条約はまだありませんが、「平和権国連宣言」が国連の加盟国の3分の2以上の賛成で2016年に認められました。

国際的にはまだ形成途中の「平和に生きる権利」

　21世紀になっても世界で、イラク戦争、ウクライナ戦争、イスラエル・ガザ戦争など戦争はなくなりません。日本周辺でも北朝鮮や中国との軍事的な緊張関係は続いています。しかし、人々が平和に生きることは、人間が人間らしく生きていく上で誰もが望んでいることです。国際人権の分野では、平和に生きる権利が国際人権の一つとなっているかというと、まだ形成途中です。

　2016年12月に、国連総会で「平和権国連宣言」が3分の2以上の国の多数で採択されました。「宣言」というのは、権利の存在を国連が認めたということを意味しますが、他の国際人権のようにもっと具体的に使えるようになるためには、国際人権条約として成立しなくてはなりません。

　しかし、今回国連総会で平和権が権利の一つとして認められたことは、国際人権条約に向けての大きなステップを踏み出したことになります。平和権の一

つである平和に生きる権利が認められれば、軍事行動などにより被害を受ける
おそれのある個人が、国や国際機関に対して軍事行動をやめるように、また積
極的に平和的政策をとるように求めることができます。

　日本では、日本国憲法前文の中に、「平和のうちに生存する権利」として明記
されています。これも「平和権」の一つです。

　現在、日本では2015年9月に成立した安保法制で集団的自衛権の行使を容認
しました。これにより、アメリカなど同盟国が武力攻撃を受けた場合にも、日
本が軍事行為に参加する可能性が出てきます。また、日本政府は沖縄の辺野古
に米軍基地を新たに作ろうとしていますが、新たな米軍基地の建設は、他国か
らの攻撃を受ける可能性がより大きくなり、基地周辺の住民や日本国民全体が
戦争行為に巻き込まれる危険があります。また、尖閣諸島をめぐる日本と中国
の対立も、不測の事態が生じたら、戦闘行為に発展する可能性もあります。

　このような政府が引き起こす戦争行為の危険性に対して、一人一人の個人が
平和に生きる権利を保障するために、平和を実現させることを権利として要求
することができる、というのが平和権の考え方です。

人権条約で認められればできるようになること

　国連では、平和権を認める国連総会決議は、1970年代にもありましたが、国
際法典化(国際法として文章化すること)に向けて本格的に動き出したのは2000年
代からです。2003年に米英がイラク戦争を国連安全保障理事会の承認を経ずに
起こしたため、平和権を国際人権として確立していこうという動きがスペイン
のNGOから提起されました。

　現在多くの国際人権条約がありますが、平和や安全保障を直接の内容とする
国際人権はありません。国際人道法では戦闘行為の規制がされていますが、違
反に対応する直接の処罰規定はありません。国際刑事裁判所も戦争犯罪などを
処罰できますが、指導者など個人を刑事的に処罰するにとどまります。平和を
求めることが将来国際人権条約として発展すれば、他の国際人権のように、人
権理事会や規約委員会が違反を認定し、勧告ができるようになるのです。

Q25

戦争への加担

2008年から国連人権理事会（ジュネーヴ）の場で、平和権の国際法典化の審議が始まりました。スペインのNGOが中心となって作った平和権NGO草案（サンチアゴ宣言）が、議論の出発点になりました。その後、国連人権理事会のシンクタンクである諮問委員会も草案を作成し、8年かけて「平和権国連宣言」が国連総会で採択されました。子どもの権利条約や女性差別撤廃条約などが、〈国連宣言→国際人権条約〉というプロセスをたどったことを見れば、今後国際人権条約に発展していく可能性があります。

　採択された「平和権国連宣言」には、個人の平和を享受する権利（1条）や、恐怖と欠乏から免れるようにする国家の義務（2条）が定められています。また国連人権理事会の審議の中で、平和への権利に取り入れられるべき権利として、軍縮を求める権利、大量破壊兵器をなくす権利、良心的兵役拒否の権利、平和に生存する権利、外国軍事基地を漸次撤廃する権利などが草案として挙げられていました。今後、国際人権に向けての議論の中で、このような具体的な権利が取り入れられると、平和権はより具体的な国際人権になっていきます。

軍事行動が人権により制限されていく社会へ

　ところが国際社会では、国際平和や安全保障に関することは各国政府や国連安全保障理事会の専権事項であり、個人が平和権としてこれに関与することは許されないという意見が、米国やヨーロッパ諸国から出されました。確かに国連憲章において、安全保障理事会は、国際平和に対する脅威の認定など拘束力ある決定をする権限を有します（憲章39、42条）。しかし、国際人権を侵害しないことは、安保理であろうと守らなくてはならない最低限の国際人権のルールです。

　ラテンアメリカ諸国も憲法で平和権を取り入れています（ボリビアなど）。また、韓国やコスタリカの裁判所の判決では、平和的生存権や平和権の存在が認定されています。国連の中でも約3分の2の多数の国が平和権に賛同しており、世界の大勢は平和を権利として確立する方向に進んでいます。

　冒頭に触れた日本国憲法前文の「平和のうちに生きる権利」は、国連の平和権

にも関連します。憲法前文には、「われらは、全世界の国民が、ひとしく恐怖と欠乏から免れ、平和のうちに生存する権利を有することを確認する」と、「全世界の国民」がこの権利を有すると書いてあります。これは日本の侵略戦争の反省から、日本国民のみならず、他の国の人々も、平和のうちに生きる権利を有することを認めているのです。この日本国憲法前文の精神を、国連が「平和権」という形で具体化したのだとも言えます。

　平和権が具体化された実例を持っているのは日本です。1973年の長沼訴訟（北海道・長沼町に自衛隊がミサイル基地を作るにあたって、自衛隊の9条違反と平和的生存権侵害が問われた訴訟）の札幌地方裁判所判決は、平和のうちに生存する権利を敵から攻撃されないで平和に生活する権利と捉えました。また、2008年の自衛隊のイラク派兵違憲訴訟の名古屋高等裁判所判決は、平和のうちに生存する権利の内容として、戦争行為への加担を強制されない権利として具体化しました。このような平和権がすべての国に根付いていけば、軍事行動が人権により制限されていく社会になるのです。

　冒頭に上げた、集団的自衛権や米軍基地、領土紛争の問題などは、どれも日本一国だけで解決できるものではなく、国対国の問題です。平和的な国際環境が整ってこそ平和的に解決できます。平和権が今後国際人権として認められるようになれば、国連や各国の軍事力の行使に人権の面から制限がかかり、平和的な国際環境の整備に役に立っていきます。

【参考文献】
・平和への権利国際キャンペーン・日本実行委員会編『いまこそ知りたい平和への権利48のQ&A』（合同出版、2014年）
・笹本潤「武力行使に対する人権アプローチの規制の可能性」平和研究51号（2019年）
・スペイン国際人権法協会『The International Observatory of the Human Rights to Peace』（2013年）

［笹本潤］

Q26　日本軍「慰安婦」

⑴日本軍「慰安婦」は売春婦だったのですか？
⑵「慰安婦」被害者は謝罪や賠償を受けていますか？

A26　⑴質問の立て方自体に「傾き」が含まれていることに注意が必要です。「売春婦」＝「自由意志で性売買をしている人」という意味で質問しているなら、「慰安婦」は売春婦ではないですし、「売春婦」＝「性奴隷」という意味で質問しているなら、多くの「慰安婦」は売春婦だった、という言い方もできるでしょう。
⑵法的な賠償は受けておらず、謝罪も「真摯な謝罪」ではないと受け取られることがあります。

どのような人権侵害が起きているのか

鹿内　そうなんです。そのときに調弁する女の耐久度とか消耗度、それにどこの女がいいとか悪いとか、それからムシロをくぐってから出て来るまでの“待ち時間”が、将校は何分、下士官は何分、兵は何分……といったことまで決めなければならない（笑）。料金にも等級をつける。こんなことを規定しているのが「ピー屋設置要綱」というんでこれも［陸軍］経理学校で教わった。この間も経理学校の仲間が集まって、こんな思い出話をやったことがあるんです。

　これは『いま明かす戦後秘史（上）』（サンケイ出版、1983年）という本に出ていることです。話しているのは鹿内信隆という人で、陸軍では「経理」を担当して、食糧などの物資を調達する役割でした。物資などの調達などと並んで、軍人用に「女」を調達して、その「耐久」度、「消耗」度を計算することを経理学校で勉強

した、と軍人時代の思い出話をしているわけです。この人は戦後、フジテレビ、産経新聞の社長を歴任し、フジサンケイグループの議長などを務めた人ですが、「調弁」された「女」やその家族がどのような思いでいたかに考えを致すこともなく、笑いとともに語っていることに強い印象を受けます（「ピー」というのは「慰安婦」「売春婦」、「ピー屋」は「慰安所」の俗称です。そもそも「慰安」婦、という名称自体、「調弁」し、「使用」する側からの名づけといえます）。

　「『慰安婦』は売春婦だったのですか」という質問は、自由意志だったのだから問題がないのではないか、という質問も含んでいると思います。2つのことを答えることができるでしょう。1つは「慰安婦」被害者の多くは自由意志でなかったということ、もう1つは、戦前、「売春婦」の多くもまた自由意志でなく、「性奴隷」の実態があった、ということです。後者については、戦前でも、「公娼制度は人身売買と自由拘束の二大罪悪を内容とする事実上の奴隷制度である」として、県会（県議会）で、公娼制度の廃止決議がされるなどしていました。貧困などのために「売春婦」にさせられ、あげく債務（借金）に縛られ、奴隷的境遇に置かれた人が多かったことを示しています。

　前者については以下のとおりです。軍は砲弾や銃砲だけでなく、食糧や衣服などの物質も調達したり、配給したりしないと戦争ができないわけですが、日本軍は、鹿内氏の話にも出ているように、戦争を継続するために「女」についても軍として調達、管理し、「慰安所」を設置・運営しました。「慰安所」は軍の施設でした。必要となる、大量の「慰安婦」を「調達」しないといけなくなるわけですが、たとえば植民地・朝鮮では未成年の女性（義務教育は朝鮮では施行されず、字を十分に読めない人も多かった）も含め、被害者が「いい仕事があるから」と騙されたりして「慰安所」に連れて行かれた例が多く、他方、日本軍が軍事的に占領したインドネシアなどでは女性を拉致した例が報告されています。「騙し」も拉致も日本当局が組織的に行ったことでした。そして、拉致より騙す方がマシ、ということにならないのは当然のことですし、また植民地・朝鮮ではインドネシアなどの占領地とは違って日本の利益のために人や物資を利用できるシステムが整っていた、という指摘もあります。暴力的な拉致などをしなくても

Q26

日本軍「慰安婦」

日本としては朝鮮の各地方の責任者に「何人を調達せよ」と指令すると、その責任者たちが「自分の責任」でなんとかしようとした、ということです。ふつうにやっては「調達」できないので騙しなども多発した、ということです。

　日本政府は1990年になっても国会で「民間の業者がそうした方々を軍とともに連れて歩いている」だけで、日本軍や日本政府には責任がないと答弁していました。ところが、これを聞いた韓国人の被害者が実名で実態を告発する事態になりました。日本政府は1993年、河野談話（当時の官房長官の談話）を出しました。「慰安所の設置、管理及び慰安婦の移送については、旧日本軍が直接あるいは間接にこれに関与した。慰安婦の募集については、軍の要請を受けた業者が主としてこれに当たったが、その場合も、甘言、強圧による等、本人たちの意思に反して集められた事例が数多くあり、更に、官憲等が直接これに加担したこともあった」としたうえで、「慰安婦」被害者に謝罪するものでした。

　ただ、日本軍は「関与」にとどまらず、責任の主体であったので、河野談話には不十分なところがあります。

　もっとも、いまの日本では逆の方向から河野談話を批判し、これを撤回させようという動きも根強くあります。「拉致（＝強制連行）」したことを示す証拠がない」とか、「慰安婦」被害は捏造だなどというのです。特に日本の政治家などにも捏造を主張する者がおり、「慰安婦」被害者からすると、日本政府の謝罪はかたちだけのものではないかと疑ってしまうこととなりました。これに関して、河野談話では「事実認定」がなかったことが「つけ込む」スキを与えたといえます。どのような被害事実があったのかを、いつ、どこで、だれが、だれを、などと具体的に認定していれば、反対者は反対するとしてもその事実がなかった具体的な証拠を出さなければならなくなります。公的な「事実認定」がなかったため、反対者がいろいろな間違った情報を流して攪乱することを許すことになりました。

現状の分析（どういうところが、国際人権法に抵触しているのか）

　人を「性奴隷」とすることが国際人権法に抵触することはいうまでもありませ

ん。

　なお、近時、「現代奴隷制」を根絶しなければならない、という動きが強まっ
てきています。「奴隷」はむかしの話ではなく、例えば2021年の時点で、世界に
は5000万人の現代奴隷がいる、2017年より1000万人以上増加したとされていま
す（国際労働期間〔ILO〕など）。そして、現代奴隷の被害者はいまの日本にもいま
す。現代奴隷は「人身取引、借金による束縛、強制結婚、奴隷的所有状態、強
制労働、最悪の形態の児童労働などの総称」などとされています。

　そして、「人身取引」は「人を金銭で売買すること」だけではありません。いい
仕事があると騙して女性を外国に連れて行き、着いたとたんに「お前には多額
の借金があるから、売春して完済しろ」などと監禁して売春させることも含み
ます。また、日本における「技能実習生」がひどい労働を強いられ、会社から逃
げる例がありますが、これも人身取引、現代奴隷制の問題だとされています。

　「慰安婦」被害者が受けた被害は、人類が根絶すべき問題、現在に続く「奴隷」
の問題でもあると、理解されているのです。

　インターネットで「慰安婦」を検索すると「慰安婦は自分で志願した高給取り
の戦時売春婦だから、慰安婦被害は捏造だ」などと間違った情報を掲載してい
るウェブサイトが多くヒットしてしまいます。現在ではこれに対抗して「ファ
イト　フォー　ジャスティス」（後記「参考文献」）などの正しい情報を掲載する
ウェブサイトも公開されています。ただ、現在の日本では、「慰安婦被害は捏
造だ」という意見がかなりの程度まかり通っているといってよいと思います。
被害を否定され、それどころか捏造よばわりされているわけですから、このよ
うな現状自体が「被害」といえます。「慰安婦」被害者の被害は現在も日々新たに
発生しているということです。さらに鹿内氏のような話が書籍として堂々と公
刊されていたということからすると、被害者がずっと社会の中で沈黙を強いら
れてきた、ということがみてとれます。被害が真剣に受け取られていたなら、
笑い話として話す「秘史」が出版されるようなことはなかったでしょう。被害者
は（直接の被害のあとも）被害について沈黙させられるという新たな被害にずっ
とさらされてきたといえるでしょう。

Q26

日本軍「慰安婦」

「慰安婦」被害者は、真摯な謝罪、過去の事実の認定・法的責任の認定、法的賠償、被害についての次世代に対する教育、を求めています。日本政府は法的な責任、賠償を拒否しています。河野談話では「われわれはこのような歴史の真実を回避することなく、むしろこれを歴史の教訓として直視していきたい。われわれは、歴史研究、歴史教育を通じて、このような問題を永く記憶にとどめ、同じ過ちを決して繰り返さない」と、約束したのですが、そのために必要な歴史教育にもその後、日本政府は熱心でありません。

2015年12月28日、「慰安婦」に関する日韓合意がされました。ここでも日本政府は謝罪しました。しかし、この合意は合意文もなく、日韓の外相がそれぞれ記者会見で声明文を説明したにとどまる、というもので、また日韓両政府が被害者の頭越しに決めてしまったものでした。合意内容も「慰安婦」被害者の求めていたことからすると不十分なものというほかありません。特に問題なのは、日本側がこの合意で10億円を拠出することになったのですが、10億円は法的賠償ではないとされたうえに、この拠出が終わればもうそれで「幕引き」とばかり、どのような被害事実があったかの認定や、将来世代への被害教育などに言及がない点です。

具体的な改善策の提言

慰安婦、被害者の多くは既に亡くなり、生存している被害者の平均年齢も90歳代です。

日本側も謝罪を試みています。しかし、それが真摯な謝罪ではないのではないかと疑わせるような発言が日本社会、中でも日本の政治家などからされています。日本政府は日本政府の姿勢が真摯なものであることを示すためにも「慰安婦」被害者に対する非難・中傷に対して政府として反論し、また「慰安婦」の被害についての歴史教育を積極的に行うべきでしょう。そして、本来はそのためにも、いまからでも政府としてキチンと個々の「慰安婦」被害者の被害事実を「事実認定」して社会に示すことが、これらのための基礎作業であるといえます。

【参考文献】

・「FIGHT FOR JUSTICE 日本軍『慰安婦』——忘却への抵抗・未来の責任」〈http://fightforjustice.info/〉

・『慰安婦問題』を／から考える』（岩波書店、2014年）

・「在日韓国人従軍『慰安婦』・BC級戦犯——放置され続けてきた被害者たち」在日コリアン弁護士協会編著『裁判の中の在日コリアン——中高生の戦後史理解のために』（現代人文社、2008年）

[殷勇基]

Q27　沖縄の米軍基地

沖縄の人たちは米軍基地に苦しめられていると聞きます。なぜですか？　どんな人権問題が起きているのでしょうか？

A27　基地が存在することにより、様々な問題が生じているからです。

ヘリコプターの墜落、戦闘機の騒音、米兵による犯罪や米軍による環境汚染が多発しています。

沖縄の新基地建設反対

沖縄県名護市辺野古地区への米軍基地建設に、沖縄の人々は強く反対しています。この間、沖縄県知事選挙でも、基地建設に反対する候補者が選ばれ続けてきました。

辺野古に建設される基地は、沖縄に現存する普天間基地を移設する建前です。そのことをもって「普天間がなくなるから、結果的に基地が増えるわけではなく、いいではないか」との意見も聞かれます。しかし、「なぜまた沖縄なのか」といった声や、新たに作られている基地は今の基地の機能を強化するもので「新基地」にほかならない、辺野古に基地ができても普天間基地が閉鎖される保証はない、自然豊かな環境が工事で破壊される等、様々な理由から、多くの沖縄の人は建設中止を求めて、声を上げ続けています。

沖縄の人たちが基地建設に反対するのには多くの理由があります。

日本国土の0.6％の面積しかない沖縄に、日本国内にある米軍専用施設（基地）の約70％が集中しています。沖縄本島の土地の約15％が米軍基地に占められており、多くの米軍基地の存在により、沖縄の人々の平穏な生活や安全が脅かさ

154

れています。

　近年に限ってもいくつもの米兵による事件・事故の例があがります。2016年、20歳の女性が基地従業員（元海兵隊員）に強姦目的で拉致され殺されました。墜落事故が多くこれまでたくさんの乗組員が亡くなっているため、「未亡人製造機」といわれる危険なヘリコプターであるオスプレイが、沖縄の強い反対にもかかわらず配備されましたが、2016年には名護市沿岸で墜落しました。2017年にも、ヘリが民間の牧草地に墜落しています。さかのぼれば、2004年には大学のキャンパスにヘリが墜落したという事故もありました。戦闘機の部品の落下、訓練による山火事、水や土壌の汚染、米兵による事件・事故など、沖縄の新聞には頻繁に米軍に関する事件・事故のニュースが掲載されますが、日本本土の新聞ではこれらのニュースを見る機会は極めて限られます。

米軍による多くの事件・事故

　実際に、米軍基地に関する事件・事故は驚くほどたくさん起きています。戦闘機・ヘリ事故は、1972年（沖縄が日本に返還された年）から2021年で862件（年平均17件）起きています。米兵による犯罪件数は1972年から2021年で6,109件（年平均122件）、そのうち約1割は殺人、強盗、強姦、放火などの重大犯罪です。

　米兵による犯罪が起きても、米兵が公務を行っている間に起こした犯罪については日本が裁判することはできません。公務中の犯罪でなくても、被疑者である米兵に基地に逃げ込まれてしまえば日本の警察はその米兵を逮捕できず、泣き寝入りのケースも数多くあります。

　基地の近くに住む人々は、戦闘機から発せられるとてつもない爆音に日々悩まされています。裁判が繰り返し起こされてきましたが、日本の裁判所は被害を認めながらも、米国の飛行機の差し止めを認めません。

　日米地位協定という日米間で締結された条約がこれらの米軍の特権を認めています。1960年に締結されたこの協定は、多くの人権侵害の原因となっており、改定を求める強い声が何度も起きながら、締結以来一度も改定されたことがありません。日本政府がアメリカに対して公式に改定を求めたこともないと言わ

Q27

沖縄の米軍基地

155

れています。

自己決定権の侵害

沖縄は、15世紀以降、琉球王国という独立した王国でした。しかし、1879年の「琉球処分」により日本に併合され、第二次大戦中は、日本唯一の地上戦が行われ、県民の4人に1人が死亡し、「日本本土の捨て石」となりました。現在の米軍基地は、大戦中に上陸した米軍によって建設されたものか、大戦後、沖縄が米国の占領下におかれている間に造られたり、日本本土から移転してきたものです。

近年、沖縄には「自己決定権」がある、という声が上がっています。

自己決定権とは、自由権規約、社会権規約双方の第1条で「すべての人民は、その政治的地位を自由に決定し並びにその経済的、社会的及び文化的発展を自由に追求する」等と定められている権利です。

2015年9月、翁長雄志・沖縄県知事(当時)は、国連人権理事会で次の演説を行いました(抜粋)。

「沖縄の人々の自己決定権がないがしろにされている辺野古の状況を、世界中から関心を持って見てください。沖縄県内の米軍基地は、第二次世界大戦後、米軍に強制接収されて出来た基地です。沖縄が自ら望んで土地を提供したものではありません。……戦後70年間、いまだ米軍基地から派生する事件・事故や環境問題が県民生活に大きな影響を与え続けています。このように沖縄の人々は自己決定権や人権をないがしろにされています。……日本政府は、昨年、沖縄で行われた全ての選挙で示された民意を一顧だにせず、美しい海を埋め立てて辺野古新基地建設作業を強行しようとしています。私は、あらゆる手段を使って新基地建設を止める覚悟です」。

まだ少数派ではあるものの、琉球独立運動も始まっています。

高まる国連人権機関からの注目

国連の各人権機関からも日本政府に対し、様々な勧告が出されています。

自由権規約委員会は、琉球・沖縄のコミュニティの伝統的な土地及び天然資源に対する権利を保障することや、沖縄の人々の政策決定に参画する権利を尊重するよう求め、また、可能な限り、子どもたちに自らの言語での教育を促進するよう勧告しています（2022年）。

　また、人種差別撤廃委員会は、米軍基地の存在によって、沖縄の女性に対する暴力や軍用機の事故などで沖縄の人々が直面している問題に懸念を示し、琉球の人々を先住民族として認識することを検討し、権利保護のための具体的な措置をとることを求め、そのために琉球の代表との協議を強化するよう求めています（2014年・2018年）。また、基地問題以外にも沖縄に対する人種問題として同委員会は、琉球の言語を消滅の危険から保護することを求め、琉球の言語による教育を促進し、学校の教科書に琉球の歴史や文化を含めることをも勧告しています（2014年）。女性差別撤廃委員会も、沖縄の女性に対して雇用の領域において多様な差別が続いていることに懸念を示しています（2016年）。

沖縄の声に耳を傾けて、動いていくことが必要

　沖縄の人々は、どれだけ強く反対の意を示しても日本政府の態度が変わらず、本土からの差別がなくならない中で、国際人権法にその権利の根拠を見出しながら国際人権機関に働きかけを行うようになっています。これは、日本政府や日本本土の人々が沖縄の声に真摯に向きあってこなかったことによる結果です。本土では「沖縄経済は基地に支えられているから仕方がない」という意見も聞きますが、基地関連収入は沖縄の県民総所得のうち5%にすぎず、むしろ基地は沖縄の中心産業である観光業の妨げになっています。

　沖縄では、この問題は「日本本土からの沖縄に対する差別の問題だ」という声が年々高まっています。

　もっとも、沖縄だけではなく、多くの日本本土での世論調査でも「辺野古基地建設に反対」が過半数との結果になっていることも忘れてはなりません。声を上げない日本本土の私たち一人一人がこの問題の加害者といえるでしょう。この問題を自分の問題であると捉え、日本政府の態度を変えるよう働きかけて

Q27

沖縄の米軍基地

いかねばなりません。

米中対立の中で

近年、米中対立が激化する中で、「台湾有事（台湾での戦争）」の可能性が騒がれています。台湾の近くに位置し、米軍基地を数多く抱える沖縄では、台湾有事になれば再び沖縄が戦場になるとの危機感が広がっています。米軍基地に限らず、自衛隊基地も次々と増設され、新しいミサイルの導入も進み、日米合同軍事演習が盛んにおこなわれています。

「基地があるから戦争に巻き込まれる！」「外交で緊張緩和を！」そんな声を沖縄では数多く耳にします。

私たち皆が、沖縄を犠牲にしての平和の在り方を考えねばならない時期に来ているのではないでしょうか。

[猿田佐世]

Q28 「知る権利」と特定秘密保護法

「特定秘密保護法」という法律は、危険な法律であると聞いたことがあります。「特定秘密保護法」ってどんな法律なのですか？　政府が作った法律なのに、なぜ危険なのでしょうか？

A28　「特定秘密保護法」は防衛・外交・テロリズム等に関する情報を政府が「特定秘密」として指定することを認め、それを外部提供した公務員や提供を受けたジャーナリストなどを罰しうる法律です。

　「特定秘密」が濫用され、極めて広範囲に秘密指定されるおそれがあるにもかかわらず、権力の濫用に対する十分な制度的な安全確保措置（セーフガード）が欠落しているため、市民が政府の問題行動をチェックするために必要な情報が隠され、ジャーナリストが処罰を恐れて活動を控えるなどして、市民の知る権利が脅かされてしまう点が、危険だと言えます。

私たちが政府にとって不都合な事実も知ることが出来るわけ

　私たちは、インターネットやテレビなどのニュースで、政府がどのような政策を議論しているのか、何をしようしているのかをある程度知ることができます。時には政府の問題行動や違法な行為が明らかにされることもあり、私たちはそうした政府のネガティブな情報も踏まえて、主権者として日本の政治を考えて、選挙で投票しています。

　政府がいつも正しいことをしているという保障はなく、むしろ歴史的・世界

的に見れば、権力は常に暴走する危険を内在しているというべきです。私たち
が政府のやっていることを監視できないとすれば、それは戦争や環境破壊、格
差拡大など重大な人権侵害が起きかねない大変危険な状況です。たとえば、日
本の戦前は戦争の真実は市民には全く知らされませんでした。また、2011年の
東日本大震災の直後、福島の原発事故の状況や放射線量の分布などの情報につ
いて、政府は迅速な公開を控え、そのせいで不必要な被ばくを強いられ、健康
に対する権利を侵害された人々がいることが想起されます。

　政府に不都合な事実までニュースで報道できることは、世界的に見て、決し
て当たり前のことではありません。「知る権利」や「取材の自由」「報道の自由」と
いった人権が十分に保障されており、これらの人権に基づき、ジャーナリスト
やNGO、弁護士等が自由に独自取材や事実調査、記者会見等ができるからこ
そ実現していることです。世界を見渡すと、ジャーナリストやNGO、弁護士
等がその報道取材活動を理由に逮捕・投獄され、あるいは報道内容が政府によ
り検閲され政府に不都合な事実を市民が知ることができないといった国々は少
なからず存在します。

ジャーナリストが処罰されうる「特定秘密保護法」

　「特定秘密保護法」(2014年施行)は、防衛・外交・テロリズム等に関する情報
を政府が「特定秘密」として指定することを認め、特定秘密として指定された情
報を公務員がジャーナリスト等の外部に情報提供した場合にその公務員を処罰
し、ジャーナリスト等が公務員に対し特定秘密を明らかにするよう働きかけた
場合にもその態様によってはそのジャーナリスト等を処罰することができると
した法律です。

　この法律のせいでジャーナリストの取材活動が制約されますし、取材対象と
なる公務員もジャーナリストに対して有意な情報を提供しづらくなります。
ジャーナリストが処罰を恐れて萎縮すれば、私たちは政府が何をしているのか
ますます分からなくなり、政府を監視することが出来なくなってしまいます。
東日本大震災の時にはまだ特定秘密保護法はありませんでした。特定秘密保護

法ができた今、東日本大震災直後の原発事故に関する情報統制のような危険な状況が、災害情報だけでなく更に広範囲な情報について更に悪化した形で繰り返される危険があるのです。たとえば、将来、日本が武力紛争に関与することになった時に、その本当の理由について私たちは知ることができないかもしれません。

「知る権利」の制限はあくまで例外的とする国際人権基準

　私たちが政府のやっていることを監視するという権利は、表現の自由、特に「知る権利」として、自由権規約19条2項で保障されています。既に説明したとおり、「知る権利」による情報収集は私たちにとって投票行動の前提として必要不可欠であり、民主主義社会にとって極めて重要です。

　原則は、国民には「知る権利」があるので、政府は自分たちが保有する全ての情報を公開するべきということになります。国家の保有する情報は国民のものなのです。

　しかしながら、軍隊や外交など国家の安全保障等に関わる情報をすべて公開してしまうと、それにより国の安全、公の秩序などが危険にさらされるおそれがあります。そこであくまで例外的に、厳格な条件のもとに「知る権利」を一定制限することが自由権規約19条3項において認められています。

　そのような原則と例外について更に詳しく解釈したのが、自由権規約19条2項の解釈指針として国際法などの専門家によって1995年に策定された「国家安全、表現の自由、情報へのアクセスの自由に関するヨハネスブルグ原則」です。この「ヨハネスブルグ原則」を基に、2013年に南アフリカの都市ツワネで、国連や世界各地の専門家により、さらに詳細なガイドラインとして策定されたのが「国家安全保障と情報への権利に関する国際原則」(通称「ツワネ原則」)です。

どのような点で「特定秘密保護法」が国際人権基準に抵触するか

　「ツワネ原則」には、「公務員以外の者は、情報を求めたり入手したりという事実を理由に、共謀その他の容疑で訴追されるべきではない」とはっきりと書

かれていますが、「特定秘密保護法」ではジャーナリスト等も処罰の対象になっています。

また、「ツワネ原則」では公務員が自ら秘密を明らかにした場合であっても、秘密公開による公益が秘密保持による公益を上回る場合、その公務員は内部告発者として保護されるとも規定されていますが、「特定秘密保護法」にはそのような規定はありません。

これ以外にも、たとえば、「ツワネ原則」では何を秘密にしてはならないかが明確にされており、政府は国際人権法の違反に関する情報を秘密にしてはならないと定められています。しかし、「特定秘密保護法」には、どのような情報を秘密に指定することができないかという点について明確に定めた規定は存在しません。きわめて広範なカテゴリー（項目）が秘密指定の対象として列挙されているだけで、これでは私たちは何が特定秘密にあたりうるのか予測することが出来ず、市民活動や取材活動は萎縮してしまいます。

また、「特定秘密保護法」の規定は、特定の項目について無期限で秘密指定の延長ができるので、この点でも「ツワネ原則」に抵触しています。

「特定秘密保護法」は国会で審議している法案の段階で、国連の複数の専門家から、内部告発者やジャーナリストに対する重大な脅威をはらんでいる等として批判を受けています。国連・表現の自由特別報告者デービッド・ケイ氏が2016年4月に日本を訪問調査し、特定秘密保護法の見直しを求めたニュースを見たことのある方も多いのではないでしょうか。

経済分野への秘密保護法制の拡大（経済秘密保護法）

2024年5月、経済・先進技術分野に秘密保護制度を拡大する「経済秘密保護法」（重要経済安保情報の保護及び活用に関する法律）が成立しました。この法律は、基幹インフラ企業のIT技術、希少物資の調達方法、AI（人工知能）や脳科学など軍民両用技術について、秘密指定し、その漏洩を厳罰に処すことを可能とするものです。これらの情報を扱う民間の技術者もセキュリティークリアランス・適性評価（本人の家族や同居人も含めて、ローンなどの借金状況、精神疾患

などでの通院歴、飲酒の節度、などを行政機関が調査すること）による調査対象と
なります。この「経済秘密保護法」についても、国際人権基準の観点からは、
「特定秘密保護法」と同様の批判が当てはまります。経済・先進技術分野におけ
る秘密が拡大し、政府や大企業の権力暴走に対して市民による権力監視が行き
届かなくなるのではないか、秘密を盾にされ異論が許されない社会の雰囲気が
つくられるのではないかと危惧されています。

国際人権基準を用いる意義

日本国憲法21条でも、「知る権利」は国民に保障されています。しかしなが
ら、これまで日本国内では安全保障と知る権利の関係について深い議論はなさ
れてきませんでした。

自由権規約19条２項およびその解釈指針である「ヨハネスブルグ原則」「ツワ
ネ原則」を参照することで、ヨーロッパ人権裁判所など世界各国でこれまでな
されてきた議論を踏まえて、国際的な基準における「知る権利」から見た「特定
秘密保護法」の問題点を分析することができます。

そうして浮かび上がった問題点を、メディアや国会、国際会議などで明らか
にして議論し、「特定秘密保護法」や「経済秘密保護法」が有する重大な人権侵害
の危険性を多くの人に知ってもらうと同時に、日本政府に対する働きかけを強
め、「特定秘密保護法」や「経済秘密保護法」を抜本的に改正、あるいは廃止させ
ることで、政府や大企業にとって不都合なネガティブ情報が隠されることを防
ぎ、「知る権利」が保障された開かれた社会を作り上げていくことができます。

【参考文献】
・グレン・グリーンウォルド（田口俊樹訳）『暴露──スノーデンが私に託したファ
　イル』（新潮社、2014年）
・海渡雄一『秘密保護法対策マニュアル』（岩波ブックレット、2015年）

[小川隆太郎]

Q29　共謀罪

2017年、「共謀罪」を罰する法律が制定され、反対運動が起きました。この法律の目的は「テロ」を防止するものだといわれましたが、テロを防ぐためには、ある程度監視社会になるのは仕方ないのではないでしょうか？

A29　そもそもこの法律には、テロリズムの定義すらありません。通常の市民活動や労働運動、企業活動もこの法律の対象となる可能性があり、そうなったら、非常に広範囲のコミュニケーションが監視対象になる可能性があります。

犯罪の概念をあいまいにし、拡大する法律

　複数の人が犯罪に関与する共犯事件における犯罪は、①犯罪の合意（共謀）→②準備のための行為（危険性のある行為に限られない）→③予備行為（危険性のある行為）→④実行の着手（未遂）→⑤結果の発生（既遂）という段階を追って遂行されます。そして刑法などの犯罪を処罰する日本の法律では、従来は原則として④の「実行の着手」がある場合を犯罪とし、例外的に③「予備行為」を犯罪とする場合もありました。しかし2017年にできた共謀罪法は、この③にも至らない、①の段階の「犯罪の合意」（＋準備のための行為）を処罰しようとする法律です。

　共謀罪法が、2017年6月に参議院本会議で成立して7年以上が経過しましたが、今のところ、この法律は1件も適用例がありません。

　犯罪とは人の生命や身体・自由・名誉（これを、法によって守られる利益という意味で「法益」といいます）に被害を及ぼす行為と説明され、このような法益の侵害又はその現実の危険性が生じて初めて国家権力が発動されるというシステムは、社会の自由を守るための根幹となっています。

テロ等準備罪、いわゆる共謀罪法では、277種類もの犯罪について、犯罪の準備のための行為（前述②）や組織犯罪集団の関与があること（たとえば暴力団の関与）を要件とはしていますが、犯罪行為を複数の人が合意すること（前述①）によって犯罪が成立するとしました。この法律は、既遂処罰（前述⑤）を基本としてきた刑法体系を覆し、国家が市民社会に介入するときの境界線を、大きく引き下げたものです。

市民活動や労働運動活動に適用されるおそれも

　政府は、組織犯罪集団の関与と準備行為を要件としたので、一般人の人権侵害の可能性はないと説明しました。政府が国会で説明したとおりに厳格に法が適用されれば、人権侵害は避けられる可能性がありますが、法の条文自体は不明確で、適用範囲を厳しく限定したと評価することは困難です。

　組織的威力業務妨害罪や組織的強要罪、組織的信用毀損罪などの共謀罪は、国や企業活動を批判するような市民活動や、労働組合による団体交渉、争議行為などに適用される可能性があります。また、共謀罪の対象となる277種類の犯罪の中には、商標法違反及び著作権法違反や所得税法違反など、一般人が普通の会社内で行いうる犯罪の類型も含まれています。そもそも、同法には一般人を対象としないなどという文言はなく、「計画」と「準備行為」があれば、条文解釈上、誰でもが処罰対象となり得る規定となっています。

　また、共謀罪は意思の合致（合意）によって成立する犯罪ですから、その捜査のためには、人と人との会話、目配せ、メール、LINEなどコミュニケーションそのものが監視対象とされる可能性があります。

　元米国中央情報局(CIA)職員エドワード・スノーデン氏の暴いた極秘のコンピュータシステム「XKEYSCORE」は、名前、生年月日、メールアドレスなどの情報による検索によって、すべての個人のメール、検索履歴等を見ることができるシステムです。このシステムは、2013年9月には日本政府に既に提供されていたことが2017年4月にインターセプト（米国のインターネットメディア）の告発によって判明しました。しかし、このシステムがどのように運用されてい

共謀罪

Q29

るかは明らかにされていません。

テロリズムの定義すらない法律

共謀罪は、もともと2000年に国連で起草された国連組織犯罪防止条約にもとづいて法案が作られました。この条約の目的はテロ対策ではなく、マフィアなどの経済的な組織犯罪集団対策でした。

実は、日本は、共謀罪法を作るよりも前に国連の13主要テロ対策条約についてその批准と国内法化を完了していました。そして共謀罪法には、「テロリズム集団その他の組織犯罪集団」という言葉は入れられたものの、テロリズムの定義すらありません。テロ対策は大切ですが、この法律とは関係がないのです。

国際人権法から見た共謀罪

法案審議中の2017年5月18日、国連プライバシー権特別報告者ジョセフ・カナタチ氏は、共謀罪法案を見直すよう安倍晋三首相(当時)に公開書簡を送りました。カナタチ氏は法案について、何が「計画」や「準備行為」を構成するのかという点について曖昧な定義になっており、テロリズムや組織犯罪とは無関係な広範な犯罪を含んでおり、法が恣意的に適用される危険があると述べました。また、共謀罪の制定が監視を強めることになることを指摘し、プライバシーを守るための法的な仕組みの検討を求めました。

同年8月末には日本政府の回答が示されましたが、その内容は、「法の定めは明確で、また捜査の範囲を拡大する規定は含まれていないので、プライバシーの権利を侵害する恐れはない」という、問題の存在そのものを否認するものでした。

2022年11月、自由権規約委員会は、共謀罪について、「テロ対策、組織犯罪対策と無関係な多数の犯罪を対象としており、表現の自由、平和的集会の権利、結社の自由を侵害する恐れがある」として、法改正と適切な人権保障措置の導入を求めました(総括所見16、17項)。まさしく、国連の条約機関が、共謀

罪法は自由権規約が定める思想・表現の自由（規約18、19条）やプライバシーの権利（規約17条）に抵触するのではないかという問題点を正確に指摘しているのです。政府はこの厳しい質問に答えなければなりません。

立法の根拠が問われている

　以上のように、共謀罪法は国連が2000年に起草した組織犯罪防止条約の批准のための国内法であると説明されてきましたが、国連の人権条約機関から国際人権法に反するのではないかとの指摘を受けるに至りました。国連条約の批准を錦の御旗としてきた政府の立法の根拠が問われる事態となっています。

　悪法は、早いうちに芽を摘まなければ、戦前の治安維持法のように真の悪法に育っていきかねません。市民の粘り強い廃止運動に呼応して、2017年12月には立憲民主党、共産党、社民党、自由党、無所属の会の共同提案で、共謀罪法の廃止法案が衆議院に提案されたことがあります（その後廃案となっています）。このような廃止運動の存在そのものが、法の濫用の歯止めとなり、政権が交代したときには法の廃止を実現できる根拠となります。

　アメリカ、イギリス、カナダ等には共謀罪法があります。これらの法律は労働組合や反戦運動などの弾圧に使われてきました。日本でも広範な行為を処罰しうる共謀罪法がつくられましたが、国連条約に基づいてこのような法を制定した国は、ほとんど報告されていません。共謀罪法は必要のない法律です。憲法と国際人権法の保障する基本的人権を侵害し、立憲主義を危うくする法律です。濫用されないうちに、これに対する反対の声をあげ、廃止を実現したいと考えています。

[海渡雄一]

共謀罪

Q29

Q30　えん罪

自分がやっていない犯罪に問われて逮捕される、そして有罪にされてしまう、そんなニュースをときどき聞きますが、どうしていつまでたってもそんな出来事が後を断たないのでしょうか？

A30　例えば、厳しい取調べで追い詰められて嘘の自白をしてしまう、被告人の無罪を証明すべき証拠が検察官によって隠されている、といった原因があります。

無実の人が死刑囚に

　2014年、48年ぶりに死刑囚の袴田巖さんが釈放された「袴田事件」をご存知ですか。若きボクサーだった袴田さんは、勤務していた静岡県内のみそ製造会社役員の一家4人が殺された事件の犯人と疑われて1966年に逮捕され、長時間の厳しい取調べを受けて犯行の自白に追い込まれました。袴田さんが犯人であることを示すとして提示された証拠はどれも疑問符がつくものばかり。袴田さんは獄中から無実を訴え続けましたが、結果は死刑判決。袴田さんがどれほど無実を叫び、最高裁まで戦っても死刑判決は覆りませんでした。死刑囚という悪夢を受け入れられなかった袴田さんは精神を患い、今でも自分は23歳だと認識していると言います。そのような中で弁護団が裁判のやり直しを求める「再審請求」を提起し、袴田さんが犯人でないことを示すDNA型鑑定が提出され、2014年に静岡地方裁判所で袴田さんの再審（裁判のやり直し）が認められたのです。ところが検察官はこれに不服申し立てをし、東京高等裁判所は一転、再審開始は認められないという結論を出しました。最高裁がこの決定を差し戻して2023年にようやく再審開始決定が認められましたが、その後に開かれた再審公

判でも検察は袴田さんが有罪だと争いました。2024年9月26日にようやく静岡地方裁判所が袴田さんに無罪判決を言い渡し、10月9日に検察が上訴権を放棄して無罪が確定しました。事件から実に58年が経過しています。無実の者が死刑を宣告され、死刑執行の恐怖に脅えながら死刑囚として一生を過ごすことほど恐ろしい人権侵害があるでしょうか。袴田さんは長期の勾留と、やってもいない事件で処刑される恐怖から精神を患ってしまいました。あまりに非人道的なことが、日本の司法制度のもとで起きています。

　1961年に三重県の名張市のある集落で発生した、ぶどう酒に何者かが毒物を入れて女性を殺害した「名張事件」で逮捕された奥西勝さんも、長時間の取調べの末に自白をさせられ、第一審は無罪であったのに、高等裁判所で逆転有罪判決を受け、死刑囚となりました。奥西さんも裁判のやり直しを求め続け、2005年には自白は信用できない、他の証拠も信用性がない、として再審の開始が認められました。しかし2006年には取り消され、2010年に最高裁が再び有罪判決に疑問を呈したのに、再審開始は認められないまま、奥西さんは2015年、失意のうちに89歳で死刑囚として亡くなりました。

　二転三転する司法判断に翻弄され、死刑と無罪の間をさまよう犠牲者。無実の人が死刑囚となり、人生を奪われる、そんな許しがたい人権侵害が今も日本では続いているのです。

えん罪の原因とは

　無実の人が有罪判決を受けてしまうことを「えん罪」と言います。1970年代から1980年代にかけて5人の死刑囚が再審により立て続けに無罪となり、その反省からえん罪の原因が研究されるようになりました。その結果、えん罪の原因として、被告人が捜査段階で追い詰められ、虚偽の自白をし、それが信用されて有罪とされる、という原因が大きいことが明らかになりました。なぜ虚偽の自白をしてしまうのか、それは、逮捕された人が長期間拘束され、厳しい長時間の取調べを受け、追い詰められて自白してしまう、という人権問題と結びついています。もう一つ、検察官が被告人が無罪であることを示す証拠を隠した

まま、裁判を続けることもえん罪の原因であることが明らかになりました。

　こうしたえん罪の構造的な原因は明白であるのに、これを改善するための制度改革が日本では遅々として進まず、えん罪の悲劇は後を絶ちません。

　「でも、そんなことは昭和の時代の警察が野蛮だったころの話。今では拷問や前近代的な取調べはないのでは？」と思う人もいるかもしれません。しかし、今も事態はそんなに変わりません。

　『それでもボクはやってない』（周防正行監督）という映画を知っていますか。これは2000年代に作られた映画。会社員が電車で痴漢に間違えられ、どんなにがんばって争っても有罪になってしまう、という映画です。「自分がやった」と言わない限り拘束を続け、疑われた人を追い詰め続けて屈服させようとする刑事裁判（「人質司法」といわれます）の現状をリアルに再現しています。

　刑事裁判には世界共通の「疑わしきは無罪」という原則があります。「怪しい」というだけで処罰することは許されない、という原則です。ところが、日本ではこの原則は完全に形骸化し、有罪率は99％と言われています。特に自白をしてしまったケースは、後からいくら「強要されました」と主張しても、ひとたび逮捕され起訴されれば、無罪になるチャンスはほとんどありません。えん罪は、私たちにとって他人ごとではないのです。

国連に問われた日本の刑事司法

　では、国際人権条約ではこのような日本の現実はどう評価されているのでしょうか。

　日本が批准している自由権規約は、9条で「刑事上の罪に問われて逮捕され又は抑留された者は、……妥当な期間内に裁判を受ける権利又は釈放される権利を有する」「裁判に付される者を抑留することが原則であってはならない」と規定、14条も「刑事上の罪に問われているすべての者は、法律に基づいて有罪とされるまでは、無罪と推定される権利を有する」「防御の準備のために十分な時間及び便益を与えられる」「自己に不利益な供述又は有罪の自白を強要されない」等と規定しています。日本の憲法や法律の建前でも同じようなことが謳わ

れていますが、実態は全くその逆です。

そこで自由権規約委員会は1998年に以下のような勧告をしています。

「委員会は、刑事裁判における多数の有罪判決が自白に基づくものであるという事実に深く懸念を有する。自白が強要により引き出される可能性を排除するために、委員会は、警察留置場すなわち代用監獄における被疑者への取調べが厳格に監視され、電気的手段により記録されるべきことを勧告する」。

「委員会は、刑事法の下で、検察には、公判において提出する予定であるものを除き捜査の過程で収集した証拠を開示する義務はなく、弁護側には手続の如何なる段階においても資料の開示を求める一般的な権利を有しないことに懸念を有する。委員会は、規約第14条3に規定された保障に従い、締約国が、防禦権を阻害しないために弁護側がすべての関係資料にアクセスすることができるよう、その法律と実務を確保することを勧告する」。

日本のえん罪の原因を正確に把握したうえで、自白の強要の危険性を指摘し、取調べの様子を録音・録画をして自白の強要を防ぐよう提案する一方、弁護側に有利な証拠等、捜査側が有するすべての証拠を開示する制度を実現するように求めたのです。

部分的に過ぎなかった日本の刑事司法制度改革

このような国際的な批判も受けて、日本では司法制度改革が行われ、取調べの録音・録画が導入されたり、2004年の刑事訴訟法改正で、弁護側に対する証拠開示についての規定が新設されました。しかし取調べの録音・録画も証拠開示も部分的なものに過ぎません。そこで2008年、自由権規約委員会は、「主として自白に基づく非常に高い有罪率についても、懸念を繰り返し表明する。この懸念は、こうした有罪の宣告に死刑判決も含まれることに関して、さらに深刻なものとなる」と改めて厳しく日本の姿勢を問いました。

さらに同委員会で2014年に行われた日本政府報告書の審査では、袴田事件、名張事件を念頭に、「弁護側にすべての検察側資料への全面的なアクセスを保障し、かつ、拷問または不当な取扱いによって得られた自白が証拠として用い

えん罪

Q30

られることがないよう確保することによって、誤った死刑判決に対する法的な
セーフガードを速やかに強化すること」を勧告。さらに、弁護人の取調べへの
立ち会いや、完全なビデオ録画を定める立法の実現を求めています。

　こうした指摘を受けて2016年には重大な事件について、捜査機関の行う取調
べを録音・録画することを義務付ける立法が成立しました。それでも、この法
律はごく一部の重罪を除き適用されず、証拠の全面的な開示も実現していませ
ん。

　特に、再審の段階では検察官の証拠開示が法律上義務付けられていないた
め、えん罪の救済の重大な妨げとなっています。無罪の証拠を検察が隠したま
ま、死刑判決が見直されず、死刑が執行されたり、死刑囚として一生を閉じる
ことになる、これほどの不正義はありません。

　えん罪をなくすためには今も、警察や検察の抵抗、高いハードルが立ちふさ
がっています。国際人権法に照らせば、無実の人が苦しみ続ける制度は一刻も
早く、抜本的に改善されなければならないことは明らかでしょう。

誤判原因の究明、そして死刑制度の廃止を

　袴田さんの再審無罪という事態を受け、国は何をすべきでしょうか。

　まず、袴田さんに真摯に謝罪し、名誉回復と補償など、人権侵害の回復を速
やかに図るべきです。

　そして、法務省、検察、警察は誤判原因を徹底究明し、二度と冤罪を生み出
さないよう、抜本的な刑事司法改革を国際人権水準に即して行うべきです。

　裁判所もなぜこのように救済に時間がかかったのか、裁判所の事実認定のど
こに誤りがあったか、真摯な検証を行うべきです。

　そして、大正時代のまま旧態依然としている再審法を改正し、検察官手持ち
証拠の全面開示や、再審開始決定に対する上訴を認めないことなどを実現する
必要があります。

　裁判官が何度も誤った有罪判決を出した結果、無実の袴田さんに死刑判決を
宣告し、人生を台無しにしたことの重大性に鑑みれば、死刑制度の廃止を真剣

に議論すべき時期に来ています。裁判官が誤った判断をすることを100%避けることはできない以上、死刑制度は、無実の人を死刑にするという究極の人権侵害を内包する制度だといえます。死刑はそもそも命を奪う残虐な刑罰であり、世界の多くの国が死刑制度を廃止しています（Q31参照）。

　袴田さんの再審無罪を重く受け止めるなら、死刑廃止に向けた動きを日本で加速させることが強く求められています。

［伊藤和子］

Q31 死刑

世界は死刑廃止に向かっています。しかし、2018年日本では15人に対して死刑執行をしたことがあり、世界が驚きました。2021年も3人に対して死刑執行をしています。世界の流れに逆行し、日本は死刑執行を続けてもいいのでしょうか？

A31 裁判は間違える可能性があるので、間違って死刑が執行されてしまうと、取り返しがつきません。また、生命を尊重する立場からは、死刑を言い渡されるような重い罪を犯した人であっても、命の重みは変わらないと考えるべきです。これらのことから、死刑はなくしていこうというのが国際的な流れです。

人権と生命を守るという価値観に立ち、死刑をなくして犯罪防止に役に立つ社会的な安全装置をつくり、犯罪捜査システムの効率化に努めるとともに、犯罪被害者とその家族・遺族のためによりよい制度を本気になってつくるべきです。

「やられたらやり返す」という考え方には違和感

　人間なら誰でも「やられたらやり返す」という復讐感情を持っていると言われています。これが、刑罰の始まりであるとか源であるとか言われています。「目には目を、歯には歯を」という言葉が、紀元前18世紀につくられた古代バビロニアのハンムラビ法典にあります。

　これは、同害報復（タリオ）とも言いますが、果たして残酷な復讐を法でも認

めたのでしょうか。その時代背景を考えると、当時は過剰な復讐によって人の命を奪われることが多かったので、この言葉はむしろ復讐の範囲を限定して、無限の連鎖を断ち切るためにつくられたものだと考える方が自然です。

殺人犯は復讐されるべきだという人がいます。他人を殺したから自分の命をもって償うべきだという人もいます。しかし、この考え方に、私は違和感があります。なぜなら、復讐とは、被害者あるいはその家族が自ら仕返しをすることですが、死刑はそうではありません。むしろ、国が、被害者に代わって刑として執行するものです。国がこのような「仕返し」をすることが正しいことでしょうか。世界の流れを見てみましょう。

世界は死刑廃止に向かっている

アムネスティ・インターナショナル（以下、アムネスティという）はあらゆる死刑に反対していますが、2023年の調査で死刑制度を存置する国は世界的には少数派であることを明らかにしました。法律上または（10年以上死刑執行のない）事実上の死刑廃止国は144カ国に達し、実際に死刑を執行している死刑存置国は、16カ国にまで減少しました。

日本では、2023年と2022年には死刑が執行されなかったが、2021年までの統計で死刑を執行された人の数をみると2018年は15人、2019年は3人、2020年は0人でしたが、2021年は3人でした。死刑確定者は、現在、107人います。

日本は、死刑執行について秘密主義という際だった特徴があります。つまり、死刑の執行は死刑確定者にも直前に告げられ、その家族には事前に通知もされません。さらに再審を請求している人でも処刑されるなど、国際基準からみると大いに問題のある状態が続いています。

法に名を借りた殺人

死刑廃止への世界的流れは、どのような考え方に基づくのでしょうか。

歴史を振り返ると、1764年にイタリアで、ベッカリーアという若者が、これまでの刑法思想を一変させた本を出版しました。これは『犯罪と刑罰』という本

Q31

死刑

ですが、啓蒙思想、つまり人間は神でなく理性が普遍的で変ることのない真理を示すものだと主張する思想のもとで書いたものです。この中で、人間の判断に間違えがある限り、死刑が執行されてしまえば、それは回復不能で不当な仕打ちであって、また、人間の生命に対する権利は誰も奪うことはできず、また犯罪を予防する効果がない死刑は、国民に対する国家による戦争であり、法の名を借りた殺人だと主張しました。

死刑制度が非人道的かつ残虐な刑罰であると糾弾する国際的な宣言や数々の条約も、このような考え方を受け継いでいます。その根底にあるのは、生命の尊重される権利はすべての人間に認められるという思想です。

民主主義の国家は、国民個人の相互尊重に根差す社会を目指すものですから、死刑制度に依存してはなりません。

死刑囚の命の重さは、私たちと同じ重さの命

死刑は人権の問題と直結します。なぜなら「生きる」という最も基本的な人間の権利を根本から否定する刑罰であるからです。この世界には、尊重できない命というものはありません。また、その命の価値が人によって違うとか、その軽重を量ることがあってはなりません。

ですから、死刑はいわば殺人を制度化して命を奪うことであり、人間の尊厳を根本的に否定するものと言っても、過言ではありません。

1989年12月、国連総会で「市民的及び政治的権利に関する国際人権規約」(自由権規約)の第二選択規定書(いわゆる「死刑廃止条約」)が採択されました(1991年4月発効)。日本は、その基礎になる自由権規約を批准していますが、「死刑廃止条約」そのものはまだ批准していません。自由権規約6条は「生命に対する権利」を保障し、死刑制度の廃止が望ましいことを示しています。日本政府は、自由権規約委員会から2008年に「世論調査の結果にかかわらず、死刑の廃止を前向きに検討し、必要に応じて、国民に対し死刑廃止が望ましいことを知らせるべき」という勧告を受けました。また2013年、国連拷問禁止委員会に、「死刑廃止の可能性を検討すること」を求められました。さらに2015年、自由権規約

委員会は死刑制度を廃止する国際的な潮流から目をそらしている日本政府は、強い勧告を受けました。すなわち、①死刑廃止を十分考慮し、死刑の対象となる犯罪を最も重大な犯罪に限定すること、②死刑確定者とその家族に対して予定されている死刑執行の日を事前に告知すること、③死刑確定者に対して昼夜独居処遇を課さないこと、④死刑確定者の精神面の健康が把握できる新たな仕組みをつくること、⑤死刑事件において義務的かつ効果的な再審請求制度を確立することなどが勧告され、最後に「死刑廃止条約」への加入を考慮するよう強く求められました。

死刑廃止は人間の尊厳につながる道

日本のお隣りの韓国は、1997年12月30日に23人の死刑囚に対して死刑を執行しましたが、それ以来、一度も死刑を執行していません。26年以上執行されていないので、死刑相当と思われる事件でも裁判所は自制した判断をしています。2007年12月30日にアムネスティから「事実上の死刑停止国」と宣言されて以降、死刑確定判決は激減しました。しかし、法律上では死刑制度が存在しているため死刑が宣告されることもあります。2023年の統計をみると56人の死刑囚がいます。2020年12月韓国政府は、国連総会で死刑のモラトリアム（執行の停止・猶予）に関する決議に初めて賛成しました。

なぜ韓国は死刑制度があるにも関わらず、現在まで死刑執行を行っていないのでしょうか。それは、死刑制度そのものが人権先進国という基本条件の「global standard」に符合していないからだと思います。つまり、死刑廃止はもはや逆らえない国際的潮流になっているからです。

2009年にヨーロッパ評議会が韓国の憲法裁判所に提出した意見書では、「ヨーロッパでは、死刑が人間の尊厳性および生命権に対する尊重という根本的価値と両立できないものであり、全面的に排斥する方向に法的立場が進化してきています。この進化は、必ずしも国民の支持をうけるものではありませんでした。実際に死刑に賛成するヨーロッパ人がまだたくさんいます。しかし、ヨーロッパでも他の地域でも、死刑廃止は、根本的な価値の問題であるため、

世論の動向でその方向が決定されてはならないという意見が、一般に受け入れられています。死刑は犯罪を減少させたり、国民に士気高揚させたり、正義を具現化するような解決策ではありません。死刑廃止は、最終的に、私たちの社会を支える根本的価値を強化するものです」と述べています。

　死刑制度を維持するか廃止するかの問題は、ただ犯罪に対する刑罰の問題にとどまらず、政治的・道徳的な選択を迫る重要な問題であり、私たちの社会がどのような普遍的価値に根差しているのかという問題でもあります。

　私たちが守ろうとする価値は、おそらくさらに深く重く計り知れないものです。そのような重みのある価値に根差した社会こそ、安定した強さを持つのではないでしょうか。そう考えると、人権と命を守ること——それが私たちの最後の基本ライン（ボトム・ライン）です。それが私たちにとってかけがえのない貴重な価値なのです。

[鄭裕靜]

Q32　SDGs
SDGsってなんでしょうか？　私たちの生活とどう関係するのでしょうか？

A32　国連総会で採択された、人々の暮らしをまもり平和で安全な社会をつくるための目標です。
　政府だけでなく、わたしたち一人ひとりが日々の生活の中でこの目標の達成に向けて取り組むことで、社会全体を持続可能なものとしていきましょう。

先進国も途上国も、政府だけでなくすべての人が取り組むSDGs

　SDGsとは、「持続可能な開発目標」、英語のSustainable Development Goalsの頭文字を取ったもので、2015年の国連総会で採択された「我々の世界を変革する：持続可能な開発目標のための2030アジェンダ」に含まれ、17の目標と169のターゲットで構成されています。

　その目的は、経済、社会、環境の分野で社会全体を持続可能な状況にしていくことで、人びとの暮らしをまもり、国連の存在意義でもある、「世界が平和で安全な社会」を構築、維持できるとの位置づけになっています。

　かつてのミレニアム開発目標（2015年までの15年間）のように、これまでの目標では、途上国の貧困、教育、健康等の問題が中心で、主に政府が担うべきものということでしたが、SDGsは、すべての国とすべての関係者、つまり先進国も途上国も、政府だけでなく市民社会、企業、地方自治体など、あらゆるステークホルダーが取り組むものと位置づけられ、我々一人一人が自らの問題として捉えていくことが重要なのです。

　SDGsでは、経済、社会、環境の３分野で、貧困削減、教育、保健、ジェン

ダーなどの伝統的な社会開発の目標以外に、経済成長やディーセントワーク、都市問題、気候変動、エネルギー、生物多様性等、様々な問題が含まれています。そしてそれらの問題解決のために、17の「ゴール」を設定しています（後掲図表1参照）。ゴール16では、法の支配、司法へのアクセス、自由権の確保、透明性の高い政府機関など、1から15までの目標を実現する前提条件としての目標が含まれています。またゴール17は、16までの目標を達成する手段としての政府開発援助、技術移転、セクター間のパートナーシップを含んでいます。SDGsは、社会課題のほとんどが含まれており、逆にそのことが全体像を捉えにくくなっている側面も否定できません。

気候変動、ジェンダー、人種差別等、若者の関心が高いSDGs

　最近、世界各地で、大規模な自然災害が頻繁に発生し、気候変動問題との関連性を疑う人は少なくなりました。その気候変動はゴール13に含まれていますが、目標達成には程遠いといって、その運動の中心で活動しているのは、世界中の若者たちです。2018年8月、スウェーデンのグレタ・トゥーンベリさんが15歳の時、「気候のための学校ストライキ」という看板を掲げて、より強い気候変動対策をスウェーデン議会の前で呼びかけました。それがきっかけで、2018年の国連気候変動会議（COP）で演説し、その後、世界中の若者に広がり、それぞれの地域で同様の抗議活動が行われ、国際社会の大きなうねりにつながりました。これは一例で、若者は、環境問題のみならず、ジェンダー、フードロス、人種差別等の人権問題などの社会課題に関心が高く、SDGsの色々な分野で、活動のリード役を担っています。

　2021年日経BPコンサルティングが行った調査によると、Z世代（19歳から26歳位）の関心事項は、新しいテクノロジーだけでなく、社会課題である「人種差別」「飢餓・栄養不足」「ジェンダー不平等」「LGBTQ（性的マイノリティー）差別」が上位に入り、他世代との違いがみられます。若者の意識変化や関心事項は、SDGsや社会的課題への取り組みを行う企業に対する印象を意識して、企業の就職活動戦略にも大きな影響を与えています。

SDGsの本質は人権。それぞれのゴールと国際人権基準は密接に関連

　またSDGsの本質は、人権であり、一般的には、あまりそのことが語られていません。つまり人権や人々の尊厳が守られて初めて持続可能で平和な社会が維持されるという位置づけになっています。SDGsは17の目標（ゴール）と、169のターゲットで構成されており、そこには「人権」の文字はほとんどないものの、SDGsを含む「2030アジェンダ」の文書には、「すべての人びとの人権の実現」、「世界人権宣言及びその他の人権に関する国際文書並びに国際法の重要性を確認」など、いたるところに人権が言及されており、実はSDGsの目標を達成することで、すべての人びとの人権の実現につながるのものと位置づけられているのです。

　図表1は、お馴染みの目標のアイコンを用いたものですが、図表2のよう

【図表1】17のアイコンを含むSDGsポスター
（出所：国際連合広報センター「SDGsのポスター・ロゴ・アイコンおよびガイドライン」
〈https://www.unic.or.jp/activities/economic_social_development/sustainable_development/2030agenda/sdgs_logo/〉

持続可能な開発目標（SDGs）

1 貧困をなくそう	2 飢餓をゼロに	3 すべての人に健康と福祉を	4 質の高い教育をみんなに	5 ジェンダー平等を実現しよう	6 安全なトイレを世界中に
生きる権利	食料の権利	健康の権利	教育の権利	差別されない権利	クリーンな水の権利
7 エネルギーをみんなに、クリーンに	8 働きがいも経済成長も	9 産業と技術革新の基盤をつくろう	10 人と国の不平等をなくそう	11 住み続けられるまちづくりを	12 つくる責任つかう責任
クリーンな燃料の権利	労働者の権利	科学技術享受の権利	差別されない権利	居住の権利	十分な生活水準の権利
13 気候変動に具体的な対策を	14 海の豊かさを守ろう	15 陸の豊かさを守ろう	16 平和と公正をすべての人に	17 パートナーシップで目標を達成しよう	
健康、十分な食料の権利	健康、十分な食料の権利	健康、十分な食料の権利	自由、身体の安全の権利	国際協力への権利	

【図表2】それぞれの目標と権利の関係
（出所：本稿著者が作成。その際には図表1の「SDGsポスター」〔国際連合広報センター〕や国際連合人権高等弁務官事務所〔OHCHR〕作成資料及びその日本語版を適宜参照）

に、アイコンを裏返すと、様々な人権条約、権利が背景に位置づけられているのです。

持続可能な開発とは、将来世代のニーズを満たす能力を損なわないこと

そもそも「持続可能な開発」とは、何を意味するのでしょうか。例えば、ブルントラント委員会（国連「環境と開発に関する世界委員会」）の1987年の報告「我々の共通の未来」によれば、「将来世代のニーズを満たす能力を損なうことなく、現在のニーズを満たすような開発」と定義しています。つまり現在の社会課題を悪化させ、将来世代の可能性を奪う、取り返しのつかない開発は、「持続可能な開発」ではないことになります。

例えば、地球の資源には、一定の再生能力があるものもあれば、まったく無いものがあります。石油や天然ガス等の化石燃料は、枯渇してしまえば、ほぼ再生することはなく、燃やすことで二酸化酸素を排出し、地球の温暖化をもた

らしています。化石燃料を燃やし続けることは明らかに将来世代の可能性を奪うものです。一方で例えば森林資源は、自然の再生能力以下の利用量と、資源管理をしっかりすれば、「持続可能な開発」の範囲内といえます。もちろん天然の原生林の状態は、一度手を付ければ、どんなに管理しても、元の状態に戻ることはありませんので、自然のままに、一切の手を加えない地域も保全する必要があるでしょう。

我々がSDGs達成のためにできること、考えるべきこと

さて、我々は、このSDGsを生活の中でどう取り入れていったらいいのでしょうか。SDGsの達成に向けて、個々人が日々の生活の中でできることは色々あります。まずは、エネルギーや資源の使用を抑えることがあります。節電、節水に心がけ、マイボトル、マイバッグを利用し、食べ物の廃棄を少なくするためフードロスに心がけ、ゴミの分別をしっかりし、リサイクル製品の利用も活用しましょう。また地球環境や労働環境に配慮した製品・サービスに付与される「認証マーク」が付いたものも、可能な限り利用してみるのも重要です。

またゴール5及び16にある、ジェンダー問題や暴力をなくすことでは、例えば家庭内での家事の分担を行い配偶者が働きやすい環境づくりに努力したり、配偶者や子どもへの暴力、虐待をしないことも含まれます。

また注意したいことは、自分の生活は環境にやさしいからといって、その「ツケ」をどこかに負わせていないかということです。例えば、自分は、ガソリン車ではなく、電気自動車を使い、環境にやさしい生活を送っているとします。確かに大量の二酸化炭素を排出するガソリン車を使うより、電気自動車を使うこと自体はいいのですが、電気自動車のリチウム電池の原材料は、本当に環境や社会にやさしいのか考える必要があります。その原材料となるリチウムやコバルトによる環境破壊、電池製造過程での二酸化炭素排出量、原材料の発掘・製造する段階での労働問題、児童労働等の問題も思い起こす必要があります。自分の目の前から、環境問題がなくなっても、世界のどこかで新たな環境や社会問題を引き起こしていないか、今一度考えてみましょう。

例えば、ウクライナで起きている戦争は、そもそも国連憲章に違反する行為ですが、ゴール16（平和と公正をすべての人に）等にある、人びとの生きる権利や自由を奪い、法の支配に反し、「持続可能な開発」の前提条件を壊すものです。そのことに、我々一人一人が声をあげることも、重要なSDGs達成のためにできることでしょう。

　新型コロナの影響等で、貧困や児童労働などの問題が悪化している状況も散見されます。2030年の達成期限まで、一人一人がSDGsにより関心を持ち、その達成に向けて日々努力していきましょう。

［若林秀樹］

【コラム】ビジネスと人権
──人と地球に優しい企業活動のために

私たちの生活と世界とのつながり

　皆さんは、日頃食べるもの、着るものが一体どのようにして作られているのか、誰が作っているのか、考えてみたことはあるでしょうか。朝起きてから夜寝るまで、私たちの身の回りにはたくさんの物やサービスで溢れています。スーパーやコンビニには所狭しとお菓子やお弁当が並んでいますし、街に出れば携帯、本、洋服など、日常生活でお馴染みの物は至るところで売られています。また、レストラン、ビルの建築現場、農家、オフィス街など、毎日たくさんの人が働いています。そのおかげで確かに私たちの生活はどんどん便利になりました。しかし、その代わりに、自分ではない誰かにしわ寄せが来てはいないでしょうか。

　毎日何気なく食べたり、使う商品やサービスが私たちの手に届くまでには、多くの人が関わっています。食べ物一つを取ってみても、栽培から収穫、そして加工と、多くの過程が存在しているのです。あるいは着ている服はどうでしょうか。例えば、綿製品であれば、その原材料である綿花を栽培、収穫し、そこから縫製工場で働く人たちによって、私たちがお店で手に取る形にまで作られます。その後も、船やトラックによって運ばれて、そこでようやく店舗に並びます。私たちの生活は、日本国内だけではなく、世界各地にあるものや人の手によって初めて成り立っているのです。

企業活動に関わる人たちの人権

　このように一つの物やサービスができ上がるまでの過程を「サプライチェーン」と呼びます。このサプライチェーンで関わる人たちの権利がきちんと保障されていることが大切です。そうでなければ、企業は、自分たちのビジネス活

動によって、誰かの人権を侵害していることになるからです。実際に、このサプライチェーンに関連して、多くの人権侵害が報告されています。例えば、働く人たちが暮らしていく上で必要な金額の給料が支払われていないかもしれません。あるいは、その地域で暮らしている人たちの水や森林といった貴重な資源をたくさん奪っているかもしれません。これまでも、誰もが知っているようなスポーツブランドのサッカーボールを作っているベトナムの工場で子どもが働かされていたことが報道され、大きな問題となりました。そのほかにも、石油が流出して地域の人たちが使う水が汚染されたこともありました。十分な話し合いもなく、先住民の人たちが大切にしている土地に工場が建てられたり、外国人ということを理由に給与が不当に少なかったり、暴力を振るわれた人もいます。

　企業はたくさん売り上げを上げればそれでいいのでしょうか。その裏で、誰かが辛い思いや苦しい生活をしているとしても、企業は責任を負わなくてもいいのでしょうか。企業による活動が人や資源を搾取するという現実が徐々に明らかになるにつれ、企業が利益を追い求めるだけではなく、自分たちの活動に関わる人たちの人権についても責任を取る仕組みが自分たちの活動に必要であるという声が大きくなってきました。

　そこで、2011年、国連で「ビジネスと人権に関する指導原則」(以下、「指導原則」)という国際的なルールが決められました。これは、人権を保護する義務はまずは国家が負うことを前提にしつつ、企業も人権を尊重する責任があるということ、そして、事業活動によって人権を侵害された人たちには適切な救済が提供されなければならないということを定めています。それまでも、企業は国の法律を守る義務はありましたし、特に自社の従業員や地域社会に対する責任も定められていました。しかし、国の法律がいつも人々の権利を守ってくれるとは限らず、また事業活動はもっと広範囲に影響をもたらしています。そこで、ビジネス活動を行う企業自身もしっかりと国際的な人権基準を尊重し、サプライチェーン全体に対して責任を果たすことを指導原則は強調しています。

指導原則が企業に求めていること

　それでは企業は指導原則に沿って、何をすればいいのでしょうか。指導原則は「人権デュー・ディリジェンス」というプロセスを実施することを求めています。これは、自分達の事業活動が、誰のどのような権利にマイナスの影響を与えるかどうかを調査して、生じる可能性のある人権侵害を予防したり、すでに人権侵害が起きている場合にはそれを停止・軽減したり、被害者に対して救済を提供するための仕組みです。

　例えば、スーパーで売っているお菓子を手に取ってみると、原材料欄に「パーム油」と表示されています。このパーム油は、アブラヤシという植物から採れるものですが、日本のパーム油のほとんどがインドネシアとマレーシアからの輸入となります。アブラヤシの収穫は大変な重労働のため、農園で働く人たちの労働環境の問題が指摘されています。このお菓子を作っている会社は、自分たちの製品の原材料の栽培・収穫現場で人権侵害がないかどうかを確認する必要があるのです。さらに、指導原則は、自分の企業だけではなく、取引先の企業についても人権侵害が生じていないかどうか、人権デュー・ディリジェンスによって調べることが必要であるとしています。したがって、このお菓子を売るスーパーも同じように、自分たちが売っている商品が人権侵害と結びついていないか、調査しなくてはいけません。

　あるいは、日本国内の技能実習生と呼ばれる海外からの労働者の人たちのことを考えてみましょう。外国の労働者の人たちは、言語が違うために仕事の上で大切なことが伝わっていなかったり、見た目や宗教を理由に差別的な扱いを受けたりといった問題に直面しています。そこで、企業は、会社の中でこういった外国の労働者の人たちに関して人権問題が生じていないかどうかを調査することが必要です。

　このように、企業がサプライチェーンでつながっている人権問題に取り組むことが社会に対する責任を果たすことにつながります。

私たちには何ができる？

「ビジネスと人権」というテーマを通じて私たちの日々の生活を考えてみると、実は世界のたくさんの人たちと関わっていることに気がつきます。日本にいる私たちの行動が、いろいろな人たちの生活に影響を与えているかもしれないのです。社会はより「豊かな」生活を目指してきました。しかし、ある人にとって過ごしやすい生活は、もしかすると、知らない間に誰かの人権侵害の上に成り立っているかもしれないのです。

自分たちが日々使うもの、食べるもの、着るものなどが、一体、どのような過程で、誰によって、どのような環境で作られているのか、また、それぞれの企業が自分たちのビジネスによる人権への影響についてどのように取り組んでいるのか、まずは関心をもってみてください。そして、できる範囲から、人権や環境についてしっかりと考えている企業を選んでみましょう。一人ひとりの行動は小さいとしても、それが積み重なることで大きな声となり、企業の活動を良い方向に変え、誰にとっても暮らしやすい社会へと変えていくことができるのです。

[佐藤暁子]

第 5 章

「国際人権条約」って なんだろう?

世界を良くするためのルールを知る

[申惠丰]

条約って、国際的な取決めですよね。
人権のことで条約が結ばれているとは知りませんでした。
人権条約って、どのようなものなのでしょうか？

「条約」とは、国際的な取決めのこと

はい。「条約」とは、国際的な取決めのことで、国どうしの間での約束を文章でまとめたものです。2つの国で結ぶ場合（二国間条約といいます）もあれば、たくさんの国が集まって国際会議を開くなどして条約文を作り、できた条約に賛同した国々が入るようにする場合（多数国間条約といいます）もあります。

世界では昔からいろいろな条約が結ばれてきましたが、歴史的には、二国間条約の方が、古くからありました。国と国がお互いの関係を取り決めるために条約を結ぶもので、日本も、鎖国をやめて開国した19世紀半ば、アメリカやイギリス、ロシアなどそれぞれとの間で、和親条約を結んでいます。

これに対し、国際社会として何かの課題に取り組もうとするときには、多数国間条約の形をとることが便利で、特に20世紀以降は多数国間条約が増えています。たとえば、国連は「国連憲章」という条約によって創られた組織ですが、そのように、さまざまな国際組織（国際労働機関〔ILO〕、世界保健機関〔WHO〕など）は、それを設置することを決めた多数国間条約によってできています。また今日では、環境問題とか、人道的な問題、軍縮のように、世界のなるべく多くの国々が共に取り組むことが望ましい事柄については、国連や、そのほかの国際会議などの場で、そのための条約を作ることがよくあります。環境問題では、気候変動の問題に取り組むための「気候変動枠組条約」やその内容を具体化する「パリ協定」、人道問題では「ジェノサイド条約」「ジュネーブ条約」、軍縮問題では「対人地雷禁止条約」「核兵器禁止条約」などが挙げられます。

人権条約も、まさに、多くの国が集まって「共に取り組もう！」ということで作られた多数国間条約です。人権条約は、人権保障について、各国が守らなけ

ればならない義務を定めるもので、条約に入った国は、それに沿って人権保障に取り組む約束をするのです。

第二次世界大戦への反省から生まれた、人権条約

なぜ、人権についての国の義務を条約で取り決めているのでしょうか。

人権は、ほんらい、各国が憲法で定め、それをもとに取り組む事柄でした。18世紀後半、アメリカの独立やフランス革命が起きた時代に、「私たち人間は一人一人、自分の生命や自由に対する、誰も奪うことのできない権利をもっている。生まれつき身分が決まっていて、支配する側とされる側があるなんておかしい！　そして、政府というものも、私たちの権利をよりよく守るために存在するものだ」という考え方が打ち立てられ、それがその後、ほかの国々にも広がって、国の最高の決まりごとである憲法によって人権を保障するやり方が定着していきます。

しかし、憲法で人権が保障されていても、万全とはいえません。国の危機や混乱に乗じて大衆の支持を受けた独裁的な指導者が、その権力を悪用すれば、憲法の定める人権を無視するような法律や命令を作ってしまったり、憲法の規定の効力を停止してしまったり、憲法の規定を都合のいいように書き換えてしまったり、ということも起こりうるからです。

第一次世界大戦後のドイツで起こったことは、それを実証しています。ドイツは当時、ワイマール憲法とよばれる、充実した人権規定のある立派な憲法をもっていました。しかし、敗戦国として巨額の賠償金を課されるなか、1929年の世界恐慌のあおりも受けて経済不況に苦しむドイツでは、1930年代初頭、アドルフ・ヒトラーと彼の率いる国家社会主義ドイツ労働者党(略してナチ党またはナチス)が台頭します。国民生活の向上と民族の栄光を、雄弁な演説で言葉巧みに訴え、また実際にアウトバーン(高速道路)工事のような公共事業で職を与えたヒトラーは、人々の熱狂的な支持を集めたのでした。ところが、ヒトラーは1933年に首相になるや、大統領に緊急令を発令させて、言論の自由や集会の自由などの人権を停止したり、死刑を科せる範囲を広げる法律を国会で通

させたりしました。さらには、「全権委任法」により、ヒトラーは「総統」を名乗って全権をふるうようになります。その後ナチスは、ヒトラーの極端な民族主義の考えから、ユダヤ人を「劣等民族」として迫害し、さまざまな職業から追放して生活できないようにしたうえ、住む家から追い立てて強制収容所に送りました。ナチスドイツは1939年から侵略戦争を始めますが、侵攻し占領した各国でも、ユダヤ人を集めて収容所送りにし、ガス室での大量虐殺を含め、600万以上といわれるユダヤ人を殺害しました（ホロコースト）。ユダヤ人だけでなく、障害者や同性愛者など、ナチスが好ましくないとみなした人々も多数殺害されています。

　当時のドイツでは、ナチスが国会で多数を占めていましたし、裁判所さえ、ナチスの支配体制の一部でしかありませんでした（ナチスへの抵抗を呼びかけるビラをまいたことで国家反逆罪に問われ、「民族裁判所」で死刑となってすぐに執行されてしまった、21歳の大学生ゾフィー・ショルや仲間たちのことを知っていますか。『白バラの祈り──ゾフィー・ショル、最期の日々』〔ドイツ映画、2005年〕という映画がありますし、C・ペトリ著『白バラ抵抗運動の記録──処刑される学生たち』〔未来社、1971年〕など多くの本が出ています）。このように、議会（立法権）も政府（行政権）も裁判所（司法権）もすべて、独裁的な権力に握られてしまい、政権にとって気にくわない人の命を簡単に奪えるとなったら……。人権はいったい、どうやって守られるのでしょうか？

　人権条約のように国際的にも人権を守ろうという取り組みが始まるのは第二次大戦後ですが、その背景には、上にみた通り、人権を守るためには一国の憲法だけでは十分ではないことが分かった、という歴史的な経験があります。また、人を差別して迫害し、人権を踏みにじるような政権は、反対意見も聞かずに無謀な侵略戦争を起こし、国際平和にも危険をもたらす、ということも、第二次大戦の経験を通して人類が学んだことです。

　ナチスドイツの同盟国だった当時の日本も、独裁的な政治体制を敷き侵略戦争に走った点で同様でした。政府は、1925年に制定された治安維持法を用いて、天皇制や軍国主義を批判する言論を厳しく弾圧し、共産主義者や教育者などを

次々と検挙して拷問にかけました（作家の小林多喜二の拷問死はよく知られていますね。最近では、子どもの貧困や労働者の過酷な労働状況に心を痛めて共産党員となり、24歳で獄死した伊藤千代子を描いた映画『わが青春つきるとも——伊藤千代子の生涯』が2022年に公開されています）。そうして批判の声を封じながら、日中戦争と太平洋戦争に突入していったのです。

　第二次大戦は、ドイツや日本が起こした戦争に対して、アメリカ、イギリス、フランス、ソ連などの「連合国」が立ち向かう、という構図の戦争でした。そして、「連合国」が、戦後の国際平和のための組織として創ったのが、今の国連です。このような経緯で、国連憲章では、国連は世界平和のためだけでなく、人種などに関係なく「すべての人」の人権尊重のために活動すること、また、加盟国も「すべての人」の人権尊重のために行動することが定められています。第二次大戦後の国際社会は、この国連憲章の規定を出発点として、人権条約を結ぶことをはじめ、人権活動に取り組むことになったのです。

　国連で作られた人権条約は、現在までで9つあります。では、9つの人権条約がどのような流れで作られたのか、また、その内容についてみてみましょう。

> 国連で作られた人権条約は9つあるそうですが、一度にまとめて作られたわけではないんですよね。
> 9つの条約はどのような内容で、どのような経緯で作られたのでしょうか？

「国際社会の人権章典」を作ろう！ということに

　国連憲章には、人種や性、言語、宗教に関係なく「すべての人」の人権尊重という規定が盛り込まれましたが、具体的にどんな権利を守るのかについてのくわしい規定は入っていません。前項では、人権保障は各国が憲法で定めて取り

組むものとして始まった、というお話をしましたが、その場合、どんな権利を守るのかをリストアップした、「人権章典（bill of rights）」とよばれる規定が、憲法に含まれているのが普通です。そこで、国連では、国際社会としてどのような人権保障に取り組むのかを示す、「国際人権章典」を作ろう！ということになりました。

まずできたのが「世界人権宣言」

国連が1945年に発足した後、国際人権章典としてまず作られたのは、1948年に総会で採択された**「世界人権宣言」**です。世界人権宣言は、世界のすべての人々が達成すべき共通の基準として、30カ条にわたる規定をおいています。すべての人は平等な権利をもつこと、人種や皮膚の色、性、言語、宗教などによって差別を受けないこと、いかなる差別に対しても平等の保護を受けること、生命や自由、身体の安全についての権利、拷問や虐待を受けないこと、理由もなく逮捕されたり身体を拘束されたりしないこと、公正な裁判を受ける権利、私生活や家族・住居・通信の保護、思想・良心・宗教の自由、表現の自由、政治に参加する権利、職業を自由に選択し、人間らしい労働条件（労働時間やお給料など）で働く権利、衣食住や医療を含む適切な生活水準についての権利、教育についての権利などです。

これらは、それまで各国の憲法で認められてきた人権を参考にして、そのエッセンスをまとめたものと言えますが、差別のない平等な人権に特に重きがおかれ、それが国連総会で、大多数の国の意見がまとまって採択されたことは画期的です（1948年当時は、主にアジアやアフリカで、植民地とされまだ独立を果たしていない地域も多くありましたが、世界人権宣言は、個人が属する地域が独立国でないとしても、そのことによる差別をしてはならない、とも明記し、文字通りすべての人間に平等な人権があるとしています）。

世界人権宣言は、単にさまざまな人権を並べて規定したというのではなく、人権どうしの調整を含む諸原則（人権の行使は、ほかの人の人権も尊重することや、民主的な社会における道徳や公の秩序を守ることのために法で定められた制限

に限って、制限されうること。また、世界人権宣言に規定する人権を破壊する目的で、世界人権宣言の規定を使うことはできないこと）を定めていることも大切です。すべての人に人権がある以上、人権の行使は無制限ではなく、ほかの人の人権をふまえる必要があるのは当然です。たとえば、いくら表現の自由があるといっても、民族的出自などによって人を差別するヘイトスピーチを公の場（集会、出版物、インターネット上など）で行うことは、その人たちが差別されず社会の中で平等に生きる権利を侵害するでしょう。そのような、他者の人権に対する考慮という考え方も、世界人権宣言の中に見出すことができるのです。

　世界人権宣言が採択された当時は、その採択にかかわった国はわずか56カ国でしたが、その後、国連加盟国は大きく増えました（2024年現在で193カ国）。そのため1993年には、世界人権宣言がかかげる人権の考え方を再確認するための国際会議が開かれ（ウィーン世界人権会議）、今日の世界でも普遍的なものだとあらためて確認されました。また、世界人権宣言は、国だけでなく「社会のすべての個人とすべての機関」によびかけていることから、最近では、企業も尊重するべき人権の内容としてしばしば引用され、「ビジネスと人権」というテーマで「国際的に認められた人権」というときに念頭におかれる、もっとも基本的な国際人権基準になっています。

18年がかりで作られた人権条約の親玉、「国際人権規約」

　世界人権宣言は、国連総会で多くの国の賛成により採択されたという重みがあり、また、国際社会のすべての人や機関に広くよびかけている大切な人権文書ですが、「条約」ではありません。「条約」は、それに入った国に対して、法的に、「守らなければならない」という義務を課すものです。そこで、国連では、世界人権宣言の採択に続き、国際人権章典を完成させるために、条約を作る作業を始めました。しかし、条約となると、各国は、細かい部分まで納得のいく文章にするために、時間をかけて交渉し、条約文作成の作業をします。そのため、世界人権宣言の内容を条約の形にした「国際人権規約」ができたのは、18年もたった、1966年のことでした。この「国際人権規約」は、国際人権章典の条約

版として、人間にとって基本的な権利を、包括的にまとめ上げたものですから、国連の人権条約の中でも、もっとも中心的で、いわば「親玉」的存在の条約です。

　国際人権規約を作る過程では、世界人権宣言が挙げていたいろいろな権利を全部ひっくるめて１つの条約にまとめるか、それとも２つに分けるか、という議論があり、結果的には２つの条約に分けることとなったので、国際人権規約は、２つの条約からなっています。１つは、「**経済的、社会的及び文化的権利に関する国際規約**」で、労働の権利や労働条件についての権利、社会保障についての権利、生活水準についての権利、教育についての権利、健康についての権利などを定めたもの。もう１つは、「**市民的及び政治的権利に関する国際規約**」で、生命権や、拷問・虐待を受けない権利、公正な裁判を受ける権利、思想・良心・宗教の自由、表現の自由、集会・結社の自由、政治に参加する権利などを定めたものです。正式名称は長いので、日本では、それぞれ、略称で「**社会権規約**」「**自由権規約**」とよばれています。

　国際人権規約がこのように２つの条約に分かれることになったのは、当時の議論として、拷問・虐待を受けない権利や表現の自由などは比較的容易に実現できるのに対し、社会保障や生活水準、教育などについての権利は、国の財政負担もあり、徐々に実現するほかない、という論調が優勢で、国の義務もそれに応じた規定のしかたをする必要がある、とされたためです。しかし、現実には、たとえば拷問・虐待を受けない権利にしても、多くの国で拷問や虐待が日常的に発生し続けている以上、国は、単に「拷問や虐待をしません」というのでは足りず、拷問や虐待が起こることを防ぐために、拘禁施設の見回りや、係官への教育の徹底などをする必要があります。それは言うまでもなく、財政負担もともなう、継続的な取り組みです。加えて、生命権は自由権規約のほうに規定されているといっても、人は殺害だけでなく飢えや病気（社会権規約で取り上げられている問題）でも亡くなるように、２つの規約が扱っている人権は相互に深い関係をもっていることも忘れてはなりません。

　また、国際人権規約を起草していた18年の間には、国際社会、そしてそれを

反映する国連の状況に、大きな変化がありました。それは、とりわけ1960年の国連総会決議「植民地独立付与宣言」を境にして、主にアフリカの元植民地が独立国となっていった、「非植民地化」です。植民地を脱して新しく独立した国々は、国連に加盟して国際人権規約の起草作業に参加するや、「個人の人権も大事だが、その前提として、人民としての独立がある。人民が自分たちの政治的な地位を決められる権利がなければ、個人の人権も実現できない」という趣旨の主張をしました。その結果として、人民の「自決の権利」の規定が、2つの規約それぞれに第1条として同じ文言でおかれることになりました。

そのほかの人権条約

　国連では、この2つの人権規約のほかにも、7つの人権条約があります。それらをタイプ別に分けるとすると、以下のようになるでしょう。

①差別をなくすことを特に目的としたもの

　人種差別撤廃条約は、国際人権規約よりも早く、1965年にできた条約です。国連憲章は、人種差別の恐ろしい結果であるホロコーストの経験をふまえていることから、「人種」による差別のない人権をかかげています。国際人権規約も同様です。しかし、南アフリカ共和国は、国連加盟国であるにもかかわらず、黒人など有色人種を法制度的に差別する「アパルトヘイト」体制を施行していました。1960年代にほかのアフリカ諸国が独立して国連に加入すると、アパルトヘイト非難の国際世論はますます高まります。またドイツなどヨーロッパでは、ナチスの思想を賛美する、ネオ・ナチとよばれる人々の動きが出てきていました。そのため国連では、人種差別をなくすことに焦点をあてた人権条約が、いち早く採択されるに至ったのです。

　女性差別撤廃条約は、女性差別をなくすために、1979年にできた条約です。国連憲章は性による差別のない人権にも言及しており、実際に第二次大戦後、日本を含む多くの国では女性にも選挙権が認められました。国際人権規約も、性による差別のない人権保障を定めています。しかし、政治的には権利が与え

られても、多くの国では、社会に根強く残る慣習や偏見のために、女性が仕事をして生計を立てていくことが難しかったり、家族関係などにおいて女性の権利を厳しく制限する国があったりして、経済的・社会的にみて女性の地位が著しく低いままであることが明らかになってきました。女性差別撤廃条約は、女性差別の根幹には、男女の役割分担の考え（男性が外で働き、女性は家庭で家事と育児をやればよいという考え方）があることから、そのような考え方を変えていくための取り組みも国に求めています。

②社会の中で特に弱い立場にある人たちの権利を守るためのもの

1989年の**子どもの権利条約**は、子ども（18歳未満の人）を、親などの従属物ではなく人権の主体（人権の持ち主）としてとらえ、子どもの権利と、そのための国の義務を集大成した条約です。公的な機関にせよ民間の施設にせよ、子どもに関係することを行う際には、何が子どもにとってベストか、ということを主に考えるという原則（「子どもの最善の利益」の原則）や、子どもは自分に関係する事柄について意見を述べる権利があること（意見表明権）など、画期的な内容が含まれています。

1990年の**移住労働者権利条約**は、外国で働き、その立場の弱さから、劣悪な労働条件や虐待などの被害を受けやすい移住労働者とその家族の権利について定めた条約です。

2006年の**障害者権利条約**は、障害のある人がほかの人と平等に社会参加できるように、障害に基づく差別をなくすための措置を取ることを国に求めた条約で、「合理的配慮」という考え方を取り入れているのが特徴です。合理的配慮とは、障害のある人がほかの人と平等に人権を行使できるようにするために必要な変更や調整であって、あまりにもアンバランスな、または過度な負担にはならないものをいいます。障害者の社会参加について、従来は、「障害者の側がリハビリなどを頑張って、社会参加できるようにすべきだ」という考え方（障害の「医学モデル」）がされることが多かったのですが、近年は、「社会の方が、合理的な範囲でできることを行うべきだ」という考え方（「社会モデル」）のほうが有

力になっています。この条約は、まさに、障害の「社会モデル」に基づく条約と言えます。人権条約も、新しい知見を取り込んだ、革新的なものに進化しているんですね！

③特に重大な個別の人権問題に取り組むためのもの

拷問や虐待を受けない権利は、自由権規約ですでに保障されていますが、実際には、多くの国で、犯罪をやったと自白させるために拷問したり、刑務所にいる受刑者に対して、ささいなことで殴る蹴るの虐待をしたりということが起きています。1984年の**拷問等禁止条約**は、拷問や、そのほかの虐待（残虐な、非人道的なまたは品位を傷つける取扱いや刑罰）を防止し、起こった場合には処罰するための効果的なしくみを作るために結ばれたもので、各国が拷問行為を刑法上の犯罪としてきちんと処罰することや、拷問の容疑者がどこに逃げても、犯罪人引渡などによって処罰を確保することなどを定めています。

強制失踪は、拉致などの手段で人の自由を奪い、消息不明とする人権侵害で、国際社会では1970年代頃から、軍事独裁政権が支配していたラテンアメリカ諸国で、政府に反対する活動家らを治安部隊などが拉致して行方不明にし、拷問して殺害したうえで遺体を遺棄する形で横行していました。2006年の**強制失踪条約**は、こうした強制失踪行為について、拷問等禁止条約にならって、防止と処罰の義務を定めているほか、新しい条約だけあって、被害者や家族を守るための規定も充実させています。

以上が、国連で作られた9つの人権条約です（これらを、「中核的人権条約（core human rights treaties）」と言うことがあります）が、人権に関連する条約はこのほかにもあります。国際労働機関（ILO）は、第一次世界大戦後に誕生した、歴史ある国際組織ですが、労働者の権利保障に関する条約を多数採択しています（最近では、#MeToo運動も受けて、2019年に、仕事における暴力とハラスメントに関する条約〔190号条約〕が採択されました）。この条約もそうであるように、**ILOの条約**には、労働者に対する暴力や差別の禁止、強制労働の禁止など、内容的に「人権条約」と言ってよいようなものが多くあります。また、1951年の難

民条約も、難民の人権保障について定めており、人権と関係が深いです。

> 人権が憲法で定められているのは知っていますが、条約というとやっぱり縁遠い感じがします。
> 人権条約は、私たちの人権のためにどう役立つんですか？

憲法で人権が保障されていれば、条約は必要ない？

　そうですね……。日本国憲法は国際的に比較しても充実した人権規定をもっていますし、そのように憲法にきちんと人権規定があり、それが本当にきちんと守られているのであれば、わざわざ人権条約を持ち出すまでもないかもしれません。

　ですが、現実には、憲法に立派な人権規定があっても、それが本当に守られ、活かされているとは限りません。どの国でも、必ずと言っていいほど、ほかの人々に比べ弱い立場におかれていて、憲法で保障されているような人権を謳歌するには程遠い人たちがいます。たとえばインドでは、カースト制度という古い身分制度は公的には廃止され、憲法でもそう規定されていますが、実際には今でも階層意識が強く残っていて、すべてのカーストの下の「不可触民」とよばれる人たちは、仕事や結婚などで厳しい差別にさらされています。憲法では人権が認められていても、それを実現するための法律が整っていなかったり、法律があっても、国のすべての地方までその力が行きわたっておらず、昔からの慣行や偏見が根強く残っていたりして、現実には人権が享受できていないことも多々あるのです。

日本でも残る、差別の問題

　差別の問題は、日本でも無縁ではありませんね。江戸時代の「穢多、非人」に由来する部落差別は今でも残っており、被差別部落出身者であることが就職や

結婚の際に問題になることがあるほか、ネット社会の昨今では、被差別部落の所在地一覧をネット上に公開したり、ネット上で売買したりすることも起きています。在日コリアンに対する差別も、ひどいものがあります。在日コリアンは、朝鮮半島に対する日本の植民地支配（1910〜1945年）という歴史的経緯によって、日本に定住するに至った人々とその子孫ですが、そのような経緯を知らないか、またはわざと無視して、特別永住という法的地位を「特権」と曲解する偏見をあおり、「日本から出て行け！」「本国へ帰れ！」といったプラカードをかかげ、メガホンでどなりながらデモ行進をする団体が、特に2010年代に入って目立つようになりました。このような、差別の扇動も、公道で実際に行われるほかに、それを撮影した動画の拡散など、ネットを最大限に使って行われています。

　ですが、こうした差別が「人種差別」だという認識は、日本の憲法だけ見ている限りは、はっきりとは出てこないでしょう。「人種差別」というと、日本では、アメリカの黒人差別のように、皮膚の色による差別というイメージがあるのではないでしょうか。実際、法の下の平等を定めた憲法14条は「人種」による差別についても言及しているとはいえ、憲法の教科書でも、従来は、「日本は単一民族国家なので、人種差別の問題はほとんど起こっていない」というような説明がされることが多かったのです。

人権条約の内容は、憲法＋α（プラスアルファ）である

　上に挙げた、部落差別や在日コリアンへの差別は、人権条約に照らしてみれば、「人種差別」にあたります。人種差別撤廃条約は、「人種差別」とは「人種、皮膚の色、世系(descent)、また民族的もしくは種族的出身(national or ethnic origin)に基づくあらゆる区別、排除、制限または優先」であって、あらゆる公的生活の分野で、平等の立場での人権の享有や行使を妨げまたは害するものをいう、としています。「世系」とは、カーストやそれに似た世襲制度のような社会階層を指し、日本の部落差別もこれに含まれるとされています。また、在日コリアンに対する差別は、「民族的もしくは種族的出身」に基づく差別そのもの

「国際人権条約」ってなんだろう？

です。

　日本国憲法14条を読むだけでは、そのような理解はただちには出てきにくいかもしれません。しかし、日本が入っている人権条約は、このように、人種差別撤廃条約では何が「人種差別」であるか、女性差別撤廃条約では何が「女性差別」であるかについて、憲法の規定よりもはるかにくわしく定めています。

　差別といえば、子どもに対する差別もそうです。自由権規約は、すべての子どもは「人種、皮膚の色、性、言語、宗教、国民的もしくは社会的出身、財産または出生によるいかなる差別もなしに」未成年者としての地位に必要とされる保護の措置を家族、社会、そして国から受ける権利を定めています。また、子どもの権利条約は、国は自国の管轄下にいる子どもに対し、「子どもまたはその父母もしくは法定保護者の人種、皮膚の色、性、言語、宗教、政治的意見その他の意見、国民的、種族的もしくは社会的出身、財産、心身障害、出生又は他の地位にかかわらず、いかなる差別もなしに」条約の定める権利を尊重し確保することとして、あらゆる事由による差別禁止を徹底しています。このようにくわしい差別禁止の明文規定は、日本国憲法にありません。人権条約は、日本国憲法と重なる内容の人権について定めているとはいえ、その内容は詳細で、明らかに、日本国憲法プラスアルファなのです。そして、日本は、これらの条約の趣旨に賛同して、条約に入ったのですから、国内でも、そのような差別をなくすための取り組みをすることが求められているのではないでしょうか。

　実際に、日本の判例でも、憲法の人権規定の従来の解釈では導かれない事柄を、人権条約の規定から導き、人権保障をはかる例があらわれています。日本人の父親と、フィリピン人の母親から生まれ、両親が結婚していないために、（生後に父親から認知を受けたものの）日本国籍とならなかった子どもたちが、日本国籍の確認を求めた訴訟で、最高裁は2008年、訴えを認めました。この判決で最高裁は、国際化が進んだ最近では国際結婚が増え、家族関係が多様化していることに加えて、「自由権規約と子どもの権利条約には、子どもはいかなる差別も受けてはならないという趣旨の規定がある」ことも挙げて、両親が結婚

していない婚外子であるということで日本国籍を認めない国籍法の規定は、法の下の平等を定めた憲法14条に違反する差別だ、とする違憲判決を出したのです。この判断は、憲法14条によって許されない「差別」の内容が、子どもに対するいかなる差別も禁じた自由権規約と子どもの権利条約の規定によって具体化され、豊かに膨らんだものになったことを示しています。

　日本では、国が入った条約は、国際的な約束であるというだけでなく、日本国内でも法としての力をもつので、裁判でも、個人は国に対して、「この人権条約を守れ！」と言って、主張の中で使うことができます。そして裁判所も、この婚外子のケースのように、憲法の人権規定の解釈に人権条約を活かしたり、法律の規定の解釈に人権条約を活かしたりすることができます。

法律の解釈と適用にも、人権条約を活かすことができる

　人権条約は、その国の国民の権利に限らず、国の「管轄下」にあるすべての人の権利について定めています。「管轄下」とは、国の統治権限の下にある、という意味で、国籍にかかわりません。また、入管法（出入国管理及び難民認定法）違反の状態にあるかどうかも関係ありません。

　そのため、外国人の方が、訴訟で、人権条約を使った主張をすることも多いです。たとえば、不法入国をしたり、日本に滞在してよいビザの期間を超えて超過滞在（オーバーステイ）になったりして、入管法違反として強制送還（入管法にいう退去強制）の対象になった外国人が、日本に居させてもらえるよう考慮してほしい、と求めるような場合です。このような時に人権条約で認められている、家族が保護を受ける権利や子どもの権利を引き合いに出しながら、家族の事情を訴えることがあります（もちろん、このような場合、人権条約を使えば訴えが必ず認められるというわけではなく、裁判所が、その家族の状況をみて個別に判断することになります）。実際の事例としては、中国残留日本人孤児の妻の連れ子とその家族に対する退去強制処分を違法として取り消した、2005年の福岡高裁判決があります。中国残留日本人孤児Ａさんが夫婦で日本に永住帰国した後、妻の連れ子とその家族である７名も来日して夫婦の近くで暮らしてきたと

「国際人権条約」ってなんだろう？

ころ、不法入国であるとされて退去強制処分を受けたのですが、裁判所は、この連れ子は、中国で、日本に帰国するAさんに代わって、Aさんの中国人養父を7年間介護するなど、実の家族以上とも言える深いつながりがあったと認め、「このような家族関係は、家族の結びつきを擁護した国際人権自由権規約に照らしても、十分に保護されなければならない」と述べて、退去強制処分を取り消したのでした。

国が人権条約に入ったからといって、それですぐに人権状況が良くなるわけではないですよね。
条約の力で日本の人権状況が良くなったことはありますか？
また、条約の定める義務を、どうやって守らせるんですか？

条約に入ることはスタートライン

人権条約に入った国は、国際的な約束として、条約に定めている義務を負うことになります。ですが、条約に入る手続（国連の人権条約の場合は、国の代表が条約に署名した後に、正式に条約に入る意思表示である「批准」をするか、または、署名をしていない国の場合は、批准と同様に正式に条約に入る意思表示である「加入」という手続をする）をしたからといって、その国の人権状況が、その次の日から突然にパッと良くなる！ということは……ないですよね。条約に入ること自体は、スタートラインにすぎません。大事なのは、条約に入ってから、それを国内でいかに「実施」するか、ということです。

条約に入ったことで生じる国の義務

人権条約のうち、いろいろな権利を包括的に規定した条約であれば、「この条約に入った国は、管轄下にある人に対して、この条約に規定している権利を確保しなければならない」というような形で、国の義務を定めています。自由

204

権規約などがこの例です。自由権規約ではまた、「この条約に規定する権利を確保するために、法律を制定するなど、必要なことをしなければならない」とか、「この条約が認める権利が侵害されたという人に対しては、裁判所そのほか、国の権限のある機関が、きちんと救済するようにしなければならない」という趣旨のことも規定されています。

女性差別撤廃条約のように、差別をなくすことを特に目的としている条約だと、「国は、女性差別となるような法律や慣習、慣行を変えるために、すべてのことをしなければならない」といった内容の規定もおかれています。女性差別撤廃条約では、個別の規定でも、たとえば国籍について、「子どもの国籍に関し、女性に男性と平等の権利を与える」という規定がありますが、日本の場合、以前の国籍法は「男系血統主義」で、出生のときに父親が日本国籍である場合に限って、子どもが日本国籍を得るしくみでした。これは明らかに女性差別撤廃条約の定めに反するので、日本はこの条約の批准を機に、国籍法を改正し、「両系血統主義」すなわち、父親または母親のどちらかが日本国籍であれば子どもは日本国籍が得られるようになりました。また、この条約は、「国は、個人や団体、または企業による女性差別をなくすために、すべての適当な措置を取らなければならない」とも規定しており、かつ、雇用に関する規定では、同一の雇用機会についての権利を女性に確保するための措置を取ることも義務づけています。このため日本では、この条約の批准のために、男女雇用機会均等法が制定されました。

人権条約自体は、それだけで国の法律やその運用などを無理やり変えるような力はもっていませんが、人権条約に入った国は、国の立法や行政を通して、条約の中身を実施するために必要な取り組みをすることが求められていますし、司法機関である裁判所は、人権救済を与える権限のある国の機関として、人権条約上の権利を確保するような判断を下すことが求められていると言えます。

条約を国に守らせるためのしくみ——専門家で作る「委員会」

　さて、では、このような条約の規定を、どうやって国に守らせるか？

　二国間で何かを受け渡しするような内容の条約なら、「はい、渡しました」で終わりかもしれませんが、入ってから何をするかが肝心な人権条約の場合は、そうはいきません。まして、人権条約は、多数国間条約で、それぞれの国が、自国で人権保障に取り組むというものですから、放っておいたら、国は、「うちの国の人権問題なんて、ほかの国は気にしないだろうから、いいや～」と考えて、さぼってしまうかも……。

　そうなってしまうことは目に見えているので、人権条約は、初めから、各国がどの程度条約を国内で実施しているかについて、国際的にチェックするしくみを設けています。それも、個別の国どうしでチェックするのではなくて、国連の人権条約では、人権問題にくわしい専門家を委員とする「委員会」を、条約ごとに作っているのです。人種差別撤廃条約なら「**人種差別撤廃委員会**」、子どもの権利条約なら「**子どもの権利委員会**」というぐあいです。条約によって委員の数は若干異なりますが、どの条約でも、人権問題について能力があるとして、条約に入っている国から選出された人を、選挙によって選び、（国家代表ではなく）個人の資格で、委員会の委員に任命しています。そして、この委員会が、各国の条約実施の状況をチェックする制度を運用しているのです。

委員会による報告審査

　各国の条約実施をチェックする制度として、国連の人権条約が設けている基本的な制度は、**報告制度**です。条約に入っている国は、条約を実施するためにとった措置や、それによってもたらされた進歩、また、条約実施がうまく行かない要因や障害があればそうした要因や障害について、報告書を作って、定期的に委員会に提出することになっています。

　この制度のおもしろい点は、ただ報告書を郵便で送ればよいのではなくて、委員会が報告書を審査する際には、その国の政府代表が、審査の場（国連の会

議場)によばれて、質疑応答をすることになっていることです。報告書は、政府が書いて出すものですから、どちらかというと、表面的、形式的なことしか書かれていないことも多くあります。「わが国では、憲法と法律によって人権がしっかりと保障されているので、問題ない」といった感じです。実は、日本が1979年に国際人権規約(社会権規約と自由権規約)を批准した後、1980年に出した最初の政府報告書も、憲法の人権規定をそのまま引き写しにしたようなものでした！　しかし、憲法に立派な人権規定があります、といっても、憲法と人権条約の内容は同じではありませんし、人権が本当に守られているかという、実際の人権状況も分かりません。そこで、委員会の委員は、その国の人権状況についての情報を集めておき、審査の際には、政府代表にいろいろと質問をするのです。

　そのような情報としては、特に、人権問題に取り組んでいる民間団体(非政府組織〔NGO〕)が提供する情報が役に立ちます。ヒューマン・ライツ・ウオッチやアムネスティ・インターナショナルなどは、国際的に活動している著名な人権NGOですし、日本ではたとえばヒューマンライツ・ナウ、監獄人権センターなど、それぞれの国で活動している人権NGOがあります。また、日本でも「弁護士法」という法律に定められているように、弁護士は、人権を守るための活動をする職業ですから、その職業団体である弁護士団体は人権問題に積極的に取り組んでいることが多いです。日本ですべての弁護士が加入する団体である日本弁護士連合会(略して日弁連)は、人権条約が国内でどう実施されているかにとても関心を寄せており、日本政府の報告書が人権条約の委員会で審査を受ける際には、事前に、日本の人権状況について、主な問題を述べた報告書を独自に作り、委員会の委員に送ったり手渡したりする活動をしています。

　委員会が政府報告書の審査をする会議は公開で行われるので、国連で手続をすれば、NGOやマスコミの人たちも傍聴することができます。また、最近では、国連のウェブサイトで、過去の録画も含め、審査の模様を視聴することができます。人権条約の定める人権は、私たちの人権なのですから、その条約がどの程度守られているかの議論を、私たち一般市民が聴いたり、メディアが報

「国際人権条約」ってなんだろう？

道したりすることは、とても意味があることではないでしょうか。

「総括所見」における的確な指摘とその影響

　委員会は、政府報告書を審査した後、その国の条約実施状況についての委員会の評価を、「**総括所見**」という所見にまとめて、発表します。その中では、良い進展があったことのほかに、「条約に照らして、問題がある。このように改善すべきである」という内容の懸念表明と勧告が述べられます。人権NGOからの情報もふまえて政府代表に質疑応答を行い、検討をした後で、委員会でコンセンサス（全会一致）により採択される所見ですから、その内容は的確なものが多いです。勧告なので、裁判の判決のような強制力はありませんが、条約の委員会からの勧告ですから、国は、誠実に受け止めて改善に活かすことが規定されています。

　たとえば、日本の刑務所では、受刑者を押さえつけるために「革手錠」という道具を使うことがよくありましたが、**自由権規約委員会**は1998年、これは虐待につながり非人道的だから改善すべきだ、という勧告を出していました。日本はすぐには対応しなかったのですが、その後2001年から2002年にかけ、名古屋刑務所で、革手錠をかけられた受刑者が暴行で死傷する事件が起き、大きなニュースになりました。このときの新聞記事では、革手錠の使用を含め、受刑者の扱いについてはすでに自由権規約委員会から勧告が出されていて、国際的に問題とされていたことも、大々的に報道されました。そして、この事件をきっかけに、受刑者の取扱いについて定めていた明治時代の古い法律である「監獄法」が全面的に改正されて、新しい法律に代わることとなったのです。刑務所で革手錠を使うことも、禁止になりました。委員会の勧告は、非常に的確であり、結果的に大きな役割を果たしたとも言えるでしょう。

　「総括所見」で、ある問題についての懸念表明と勧告が繰り返しなされているときは、（説得的な反論を国がしているのでない限り）その重みはいっそう増します。裁判所でも、最高裁は2013年、親が亡くなったときに相続する財産につき、婚外子の場合は嫡出子（結婚した両親の子ども）の半分としていた民法の規

定について、「子どもはいかなる差別も受けてはならない。自由権規約委員会と子どもの権利委員会も、婚外子差別をなくすように日本に勧告してきた」と述べ、それも一つの理由として、憲法(法の下の平等)違反と認めました。

個人が通報できる制度も——でも日本は未加入

　報告制度に加え、国連の人権条約は、自分は人権侵害を受けた！という個人が、委員会に手紙を送り、問題を審査してもらう**「個人通報制度」**も設けています。これは、個人の立場から提起できる手続ですから、国が人権条約を守っているかどうかを国際的にチェックする制度として強力です。ただ、そのような制度には消極的な国もあることから、9つの条約いずれでも、オプション(任意の)参加となっています。日本も残念ながら、この制度にはまだ全く参加していません。

　個人通報制度に入ったとしても、実際に制度を使うには、まずは国内で使える人権救済の制度をすべて尽くすことが必要なのですが、国内の救済制度を尽くしたと言えるためには、国内の裁判所などで、人権条約にもとづく主張がきちんと検討されていることが求められます。そのため、個人通報制度に参加すれば、日本でも、裁判所などの人権救済機関が、人権条約にもとづく主張について正面から取り上げて、検討する動きが強まると考えられます。近い将来ぜひ、日本でもこの制度が使えるようにしたいですね。

【コラム】国際人権分野で韓国と台湾から学べること

国際人権の分野で韓国から学べることは？

　以下では、国際人権の分野で韓国にあって日本にはない制度について簡潔に紹介します。

1　個人通報制度

　韓国は日本と同様に国際人権に関する主要7条約を批准していますが、このうち、自由権規約、人種差別撤廃条約、女性差別撤廃条約、拷問等禁止条約、強制失踪条約について個人通報制度を受け入れています。また、実際に、韓国の人権NGOや弁護士は、憲法裁判所や大法院（日本の最高裁に相当）の確定判決が出された事件について、各条約機関に対して個人通報の申立てを行ってきました。

　個人通報の申立てを受けた条約機関の決定が、その後韓国国内において常に遵守される訳ではありませんが、長期的に見ると条約機関の決定に沿って政策が変化していく事例は確かにあります。直近では、2018年11月1日に大法院が、良心的兵役拒否者に対して初めて無罪判決を言い渡しています。良心的兵役拒否に関しては、これを認めずに刑罰を科す韓国の法制度に対して、自由権規約委員会が規約違反の判断を度重ねて示してきましたが、大法院レベルでは、有罪判決が続いてきました。今回の無罪判決では、自由権規約委員会の決定が明示的に引用されてはいませんが、個別意見では委員会の決定に触れられており、個人通報制度に基づく条約機関の判断が国内の政策変更の一助になったということができます。

2　裁判官による国際人権法研究会

　韓国には、裁判官により構成される「法院国際人権法研究会」という組織が存在します。これは、民事法、刑事法等の分野の様々な研究会と同様に、大法院の「専門分野研究会の構成及び支援に関する令規」に従って設立され、現在は

500名余りの裁判官の会員が所属しているといいます。研究会は、学術分野の専門研究団体として、定期的に学術セミナーを開催し、関連する学会と共同学術大会を開催したりするほか、研究誌「国際人権法実務研究」を発刊し、「国連人権便覧」を翻訳する等活発な活動を続けています。

　私は、2015年9月にジュネーブで、自由権規約委員会による韓国政府の審査を傍聴する機会を得ましたが、その際に、5名を超える裁判官がジュネーブに傍聴に来ていたことに驚きました(日本政府の審査に際して裁判官が傍聴に来たという話は聞いたことがありません)。

　実際、この研究会に所属する裁判官個人の尽力もあり、韓国では、国際人権法を判決において適用する事例が増加する傾向にあります。2017年には、この研究会の裁判官が、国際人権法についての解釈が示された判例について、事実、判旨の概要、関係する国際人権法及び国際人権法に照らした判決の意義についての評釈を付した書籍を出版しています。

3　国内人権機関

　韓国では、国内人権機関である国家人権委員会が2001年に設立されています。国家人権委員会は、人権侵害の被害者からの救済申立てを受けて調査・勧告を行うほか、人権に関する法律案や施策に対して意見を表明したり、人権教育を推進しています。国際人権分野では、条約機関の審査や、人権理事会の下での普遍的定期的審査に際して報告書を提出しているほか、条約機関による一般的意見が公表された場合にはこれを速やかに翻訳する等の活動も行っています(日本では、条約機関の一般的意見を日本政府は翻訳してくれないため、NGOや弁護士会の関係者がボランティアで翻訳している事例が多いのです)。また、国家人権委員会の職員の中には、NGOや人権派弁護士出身の者も多く、国家人権委員会での勤務後に再びNGOや弁護士業に戻る者もいます(こうした政府機関内で働く機会をNGOや弁護士に提供すること自体も、市民社会の基盤拡大のために有意義なことです)。

台湾と国際人権法

　台湾は1967年に中華民国として自由権規約及び社会権規約に署名(国家の代表者により条約の内容を確定させる手続き)しましたが、批准(国家として条約を締結する意思を議会の承認を得て宣言する手続き)を経ないままに、1971年に国連を脱退[1]しました。その後国内では独裁政権が続き、国際人権とは乖離した状態が続いてきましたが、特に2000年の国民党から民進党への政権交代後、人権条約を国内法化する動きが高まりました。

　2007年には女性差別撤廃条約施行法、2009年には国際人権規約施行法がそれぞれ成立・施行され、2014年には、子どもの権利条約、及び障害者の権利条約施行法が施行されています[2]。これらの法律の施行により、台湾では上記条約が国内法上の効力を有するとされ、政府は、条約の規定に従って人権報告制度を設立することになりました。

　国連に加盟できない台湾は国連の条約機関での審査を受けられないため、人権報告制度においては、総統府人権諮問委員会が作成した報告書について、台湾政府が海外から台湾に招聘した5名の専門家委員(条約機関の委員としての経験を持つ者が多い)が審査を行うとされています。国連における条約機関の審査と同様に、NGOも審査に先立って報告書を提出することができ、委員と政府との質疑に先立ってNGOにも委員に対して口頭で情報提供する機会があります(通訳がつくため中国語で情報提供できます)。例えば、自由権規約及び社会権規約については、2013年2月に第1回審査が、2017年1月に第2回審査がそれぞれ行われています。審査後に出された勧告においては、LGBTや先住民族の

1　1945年に国際連合が成立したときには、中華民国が加盟していた。その後1949年に同政府は内戦に敗れ台湾に移り、それ以降いわゆる「中国大陸」は中華人民共和国政府が統治している。国連においても1971年以降は中華人民共和国政府が席を有し、台湾の中華民国政府は脱退した。それに伴い、様々な条約においても、中華民国政府は「批准」の主体として認められないことが多い。

2　なお、人種差別撤廃条約については、中華民国時代の1970年に批准されている。

権利等の面で人権状況に進展が見られる一方で、死刑や、監獄の過剰収容、移住労働者の人権の侵害、難民認定制度の不存在、企業活動がもたらす人権侵害の軽視等が課題として指摘されました。審査後に出された勧告の実施は台湾でも依然として課題ですが、2017年9月からは、定期的に各省庁の代表とNGOが出席する勧告のフォローアップの会合が実施されています。

　私は、2017年1月の自由権規約及び社会権規約審査を台湾で傍聴する機会を得ましたが、台湾内でかつ中国語で情報提供が可能であるという点でNGOにとっては審査に参加しやすいというメリットがあるほか、審査の前後に総統や副総統が委員と意見交換したり、審査後に台湾で委員が裁判官や弁護士向けに講義を行うなどメディアを含む社会の関心を集めるという点でも優れていると感じました（他方で、国連の条約機関の正規の審査を行った勧告ではないため、勧告の権威や信頼度が批判されやすいといった限界もあります）。

　台湾においても、国際人権法が裁判例等で引用されることなどは未だ少ないのですが、筆者が滞在していた2018年だけでも国際人権法に造詣の深い台湾の裁判官を講師とした市民社会向けの勉強会が複数回実施されるなど、国際人権法は確実に社会に浸透しつつあります。また、人権条約審査の際の度重なる勧告も踏まえて、2020年には国内人権機関が設立されました。

　台湾の人権状況は、独裁政権の中で培われた人権や民主主義を求める内側からの市民の動きと、中国の圧力に抗し、欧米を中心とする国際社会との連携をアピールしたいという外交的動きの2つの要因により発展してきました。近年中国からの圧力が強化される一方、国境なき記者団（RSF）やFreedom Houseといった国際NGOが台湾に支部を設立するなど、台湾が東アジアにおける民主主義と人権主義の拠点となるような動きも出てきています。台湾の人権運動の方向性については、今後も目が離せません。

[金昌浩]

おわりに

　本書が目指したのは、特に高校生・大学生など日本の若い世代の人々に、今起きている様々な人権問題を通じて国際的な人権基準を知ってもらい、国際的スタンダードに基づく「あるべき問題解決の方向性」を示すことです。そのことが、自分や他者の素朴な「はて？」という問題意識について、国際的な人権基準を身近なツールとして社会で声を上げることにつながって欲しいという想いで、本書は作られました。その結果一つ一つの人権問題で被害者が救済され、そうした救済が集まった結果として、国際的スタンダードに則って誰もが自分らしく生き、個人として尊重される日本社会が実現されることを期待しています。

　そのような目的が達成されているかどうかは、読者の皆様にご判断いただくほかありません。ただ、本書の執筆陣は各分野の最前線で獅子奮迅する人権活動家、弁護士、研究者、ジャーナリスト等であり、その現場視点の論考は、問題の本質を浮かび上がらせると共に、国際的スタンダードによる被害者に寄り添った問題解決に向けたメッセージを発しているものと思います。

　この本の表紙をご覧いただきますと、表表紙では「？」という疑問・問題意識を抱いた人物が、背表紙では「！」という気付きを得たというデザインになっています。多くの人権問題は構造的・社会的要因を背景とするため複雑であり、単純明快な解決策が示せるものは少なく、その解決まで長い期間を要することが多いものです。「なるほど！」というような明確な解は、必ずしも用意できるものではありません。しかし本書により、国際的な人権基準という視点から見た問題点の分析やメッセージを読者の皆さまが受け取ることで、少なくとも何らかの気付きとしての「！」がもたらされ、「？」が深まり、今後、その「！」が思考の際の補助線となることを願っております。

ところで、本書は2015年頃よりヒューマンライツ・ナウ内部で企画され、執筆が進められてきたものです。その後に紆余曲折を経て、何度も嵐に見舞われながら、ようやくこの度の刊行に漕ぎ着けることができました。本当に長い船路でした。本書の刊行が当初の予定より相当に遅れてしまったことで、執筆者をはじめ多くの方々に多大な迷惑をお掛けしてしまったことにつき、この場を借りて謝罪し、それにもかかわらず何度も原稿の修正に応じて刊行にご協力頂いたことについては編集委員一同、心から感謝しております。心より御礼を申し上げます。

　民主的な社会において、社会的な変化というのは、体系だってもたらされるというよりは、ひとりひとりの様々な「小さな行動」が寄せ集まって一つの社会的なうねりになり、最後には大河となって社会を動かし、歴史を前に進めるものと考えられます。したがって、たとえ小さくとも、自分の問題意識を、自分の「？」を大切にしてほしいと思います。忙しい毎日でも、その「？」を忘れずに頭のどこかに置き続けていれば、他の人の「？」にも気付き、無意識でも自然とその解決を求める行動を取るようになるでしょう。やがてその「？」は自分の体を飛び出し、社会に声を上げたくなります。そうした私たちの声が響き合って、やがてこの社会をより良い場所に変えていくのです。

[小川隆太郎]

執筆者一覧

編者：認定NPO法人ヒューマンライツ・ナウ

　ヒューマンライツ・ナウ（Human Rights Now, HRN）は、日本を本拠とする、日本発の国際人権NGOです。世界で今も続く深刻な人権侵害をなくすため、法律家、研究者、ジャーナリスト、市民など、人権分野のプロフェッショナルたちが中心となり、2006年に発足しました。ヒューマンライツ・ナウは、国際的に確立された人権基準に基づき、紛争や人権侵害のない公正な世界をめざし、日本から国境を越えて人権侵害をなくすために活動しています。

　お問い合わせ〈info@hrn.or.jp〉

執筆者（掲載順）

　阿部浩己（あべ・こうき）明治学院大学教授、本書編集委員：はじめに
　田畑智砂（たばた・ちさ）東京弁護士会：Q1
　建石真公子（たていし・ひろこ）法政大学名誉教授：Q2、Q5
　岡崎槙子（おかざき・まきこ）東京弁護士会：コラム・あなたにもできることがある
　佐々木亮（ささき・りょう）聖心女子大学講師：コラム・あなたにもできることがある
　雪田樹理（ゆきた・じゅり）大阪弁護士会、ヒューマンライツ・ナウ理事、同関西事務局長：Q3、Q4
　後藤弘子（ごとう・ひろこ）千葉大学理事、ヒューマンライツ・ナウ副理事長：Q6
　皆川涼子（みながわ・りょうこ）東京弁護士会：Q7
　伊藤和子（いとう・かずこ）東京弁護士会、ヒューマンライツ・ナウ副理事長：Q8、Q30
　大村恵実（おおむら・えみ）東京弁護士会：Q9
　髙橋宗瑠（たかはし・そうる）大阪女学院大学教授：コラム・企業が人権のためにできること
　須田洋平（すだ・ようへい）東京弁護士会：Q10
　芝池俊輝（しばいけ・としてる）東京弁護士会：Q11
　田形祐樹（たがた・ゆうき）三重弁護士会：Q12
　大西連（おおにし・れん）自立生活サポートセンター・もやい理事長：Q13
　吉田悌一郎（よしだ・ていいちろう）東京弁護士会：Q14
　長瀬佑志（ながせ・ゆうし）茨城県弁護士会：Q15
　長瀬威志（ながせ・たけし）第二東京弁護士会：Q15
　佐藤暁子（さとう・あきこ）弁護士会：コラム・気候変動、Q18、コラム・ビジネスと人権
　中川重徳（なかがわ・しげのり）東京弁護士会：Q16
　三浦まり（みうら・まり）上智大学教授、ヒューマンライツ・ナウ理事：Q17
　西田哲（にしだ・さとし）ニューヨーク州弁護士：Q19
　大川秀史（おおかわ・ひでふみ）東京弁護士会：Q20
　原真（はら・しん）共同通信編集委員：コラム・マスメディアにできること
　髙井信也（たかい・のぶや）第一東京弁護士会：Q21
　小川隆太郎（おがわ・りゅうたろう）東京弁護士会、ヒューマンライツ・ナウ理事、同事務局長、本書編集委員：Q22、Q28、おわりに
　徳永恵美香（とくなが・えみか）大阪大学特任講師：Q23
　中森俊久（なかもり・としひさ）大阪弁護士会：Q24
　ヒューマンライツ・ナウ事務局（ひゅーまんらいつ・なうじむきょく）：コラム・学生・教師にできること
　笹本潤（ささもと・じゅん）第二東京弁護士会：Q25
　殷勇基（いん・ゆうき）東京弁護士会：Q26
　猿田佐世（さるた・さよ）第二東京弁護士会：Q27
　海渡雄一（かいど・ゆういち）第二東京弁護士会：Q29
　鄭裕静（じょん・ゆじょん）青山学院大学非常勤講師：Q31
　若林秀樹（わかばやし・ひでき）国際協力NGOセンター（JANIC）理事、THINK Lobby所長：Q32
　申惠丰（しん・へぼん）青山学院大学教授、ヒューマンライツ・ナウ理事：第5章
　金昌浩（きむ・ちゃんほ）第二東京弁護士会：コラム・国際人権分野で韓国と台湾から学べること

あなたの「？」は人権問題かもしれない
はて？

国際スタンダードから考える SDGs 時代の声のあげ方

2024 年 12 月 30 日　第 1 版第 1 刷発行

編　者　ヒューマンライツ・ナウ
編集委員　阿部浩己／小川隆太郎

発行人　成澤壽信
編集人　北井大輔
発行所　株式会社現代人文社
〒 160-0004　東京都新宿区四谷 2-10 八ツ橋ビル 7 階
Tel: 03-5379-0307　Fax: 03-5379-5388
E-mail: henshu@genjin.jp（編集）/ hanbai@genjin.jp（販売）
Web: www.genjin.jp

発売所　株式会社大学図書

印刷所　株式会社平河工業社

装　幀　宮崎萌美（Malpu Design）

検印省略　Printed in JAPAN
ISBN978-4-87798-875-3 C0032
©2024 HumanRightsNow
◎乱丁本・落丁本はお取り換えいたします。

JPCA
日本出版著作権協会
https://jpca.jp.net/
本書は日本出版著作権協会（JPCA）が委託管理する著作物です。
複写（コピー）・複製、その他著作物の利用については、事前に
日本出版著作権協会（電話03-3812-9424,　info@jpca.jp.net ）
の許諾を得てください。